Gottes Lügen

Albert Mambourg

Ein Pamphlet
über Religion
und Leben,
Schein und Sein

Inhalt

Die Religionen

Die Neandertaler

sind als Menschengattung ausgestorben. Sie lebten von 500 000 bis 30 000 v. Chr. Der Mensch ist das einzige Lebewesen, das von seiner Sterblichkeit weiss, das seine Toten bestattet.

Die Neandertaler legten ihre Toten in Einzel-, Familien- und Gemeinschaftsgräber, auf den Rücken oder in Seitenlage mit angezogenen Knien, angemalt mit roter, gelber, oranger Körperfarbe; mit Beigaben: Steinbock- hörner, Muschelhalsketten, Steinwerkzeuge und Tier- fleisch, für ein Leben danach?

Der Homo sapiens,

der Jetztmensch, ist die einzig überlebende von mehreren (eventuell sechs) Menschenarten. Vor sieben Millionen Jahren lebten die ersten aufrecht gehenden Menschen. In mehreren im heutigen Israel gelegenen Höhlen sind Gräber beider Menschenzweige, der Neandertaler und des Homo sapiens, gefunden worden: sorgfältiger Grab- bau und reiche Grabbeilagen.

Genetische Vermischung beider Menschenarten:

Im heutigen Erbgut der nicht afrikanischen Menschen weltweit ist der Neandertal-Genanteil 4 %.

Die Bestattungen mit Beigaben sind Zeichen von Trau- er, Abschiedsschmerz und vielleicht von einer Jenseits- vorstellung?

Die alten Ägypter,

ab 5000 v. Chr., verehrten vorerst viele Götter und Göttinnen: in Menschengestalt, in Mensch-/Tier Gestalt und in reiner Tiergestalt. Diese Göttergilde hatte verschiedene Aufgaben:

Es gab den Gott des schwarzen, fruchtbaren Nils.
Und den Gott des roten Wüstensandes.
Den Gott der Erde.
Und der Luft.
Des Unsichtbaren.
Der Urgewässer.
Des endlosen Raums.
Der Urfinsternis.
Der Sonne.
Der Baumeister und der Handwerker.
Der Weisheit.
Des Himmels.
Des Totenreiches.
Der Verneinung.
Des Mangels.
Der Verschwundenen.

Totengötter wachten über das Totenreich, sie bewachten die Eingeweide der Leichen bis zum Tag des Gerichts. Wer diese letzte Prüfung nicht bestand, dessen Seele wurde von den Totenfressern vernichtet.

Der Sonnenhauptgott war Re. Die andern Sonnengötter waren ihm untergeordnet und angetan. Pharao Echnaton schaffte Re samt dessen Götterkollegen ab, zugunsten von Aton. Es kam zur ersten Eingottreligion.

Die Sonne ist der Ursprung allen Seins und Lebensspender. Aton (1500 v. Chr.) ist alleiniger Gott, verborgen im Sein, in allem. Die Menschen konnten ohne Priesterschaft direkt zu ihm beten. Aton war Gottvater, der die Welt erschaffen hatte. Pharao Echnaton war, wie er sagte, sein einziger Sohn.

Die Eingottreligion war geboren, es war die Vater-Sohn-Herrschaft in einem. Nach dem Tod Echnatons hielt sich niemand mehr an die gute Nachricht eines einzigen Gottes. Die Vielgötterei flammte wieder auf.

Zarathustra

Persien (1800 v. Chr.)

LITERATUR: Mary Boyce. A Story Of Zoroastrianism, 1975

Vor Zarathustra schon unterschieden die Indogermanen zwischen den guten Mächten des Lichts und den bösen der Finsternis.

Laut Zarathustra schuf Gott die Welt, basierend auf Gut und Böse. Ohne das Gute konnte das Böse nicht sein und umgekehrt.

Die Welt bestand aus Zwillingsbrüdern: dem guten und dem bösen Geist. Der Mensch kann als einziges Lebewesen, im Gegensatz zu den Tieren, über seine Instinkte entscheiden, er kann sich für das Gute, also Gott, frei entscheiden.

Es gibt drei Grundsätze:

Der gute Gedanke
Das gute Wort
Die gute Tat

Die Engel Gottes vertreten das Gute.
Es gibt sechs Tugenden:

Die Wahrheit
Das wünschenswerte Reich
Die Frömmigkeit
Die Wohlfahrt
Das ewige Leben
Der heilige Geist

Den guten Engeln stehen ebenso viele böse Engel gegenüber, die gefallen sind. Die *guten Menschen* sind die Frommen, die sich zur Andacht um den Feueraltar versammeln und mit erhobenen Händen Gottes Lobpreisungen singen. Die *bösen Menschen*, die Ungläubigen, werden taub und blind genannt. Man soll sie angreifen, ihren Besitz nehmen und sie töten. Nach dem leiblichen Tod des Menschen reist dessen Seele zur Cimwatbrücke. Hier findet das Gericht statt über *Gut* und *Böse*.

Für die Rechtschaffenen auf Erden ist die Brücke breit wie ein Pfad, für die andern scharf wie eine Messerspitze.
Die Seelen der Guten wandern ins Paradies, Ort der Lobgesänge. Die Seelen der Bösen fallen hinab an den schlechtesten Ort (später wird dieser Ort von den Christen Hölle genannt), wo die Dämonen herrschen.
Auf Erden treiben die Dämonen der Hölle, als Unholdinnen getarnt, Unzucht und kopulieren mit bösen Menschen; sie versuchen die guten Menschen zum Sex zu verführen. Die Dämonen schicken der Welt

Trockenheit, Missernten, Seuchen und Plagen. Die Erschaffung der Welt hat in den ersten 3000 Jahren durch einen lang anhaltenden Windhauch stattgefunden. Zuerst wurde der eiförmige Himmel geschaffen, dann die Erde. Und die Pflanzen wurden hineingesetzt. In den nächsten 3000 Jahren entstanden die Urstiere. Dann der Urmensch. Anschliessend brach der Teufel in die Welt ein, tötete die Urstiere und die Urmenschen. Er eröffnete die Periode des Kampfes zwischen Gut und Böse. Dieser Kampf endete mit der Geburt Zarathustras. Aber nun werden noch einmal 3000 Jahre vergehen, bis der Heiland geboren wird. Er vernichtet die bösen Geister, die Toten werden auferstehen und in eine neue Ewigkeit einziehen.

Ezechiel
Prophet (geb. 586 v. Chr.)
Die Toten werden auferstehen, ihre Leichen werden aufgeweckt werden!
BUCH DANIEL. 170 V. CHR.

Und viele, die in der Erde schlafen tot, werden aufgeweckt werden, die einen zum ewigen Leben, die anderen zur ewigen Schmach. (Zur Zeit Jesu war für die palästinensischen Juden die leibliche Auferstehung noch ein Streitthema: Die einen glaubten daran, die anderen nicht.)

Gilgamesch

(1200 v. Chr.)

Das Gilgamesch-Epos. Die älteste Dichtung der Menschheit.

Auf Tontafeln in Keilschrift überliefert.

LITERATUR: Stefan M. Maul. Korrigierte 5. Auflage.

Beck Verlag München

Die Götter schicken Engel auf Erden, die (bisexuelle) Beziehungen zu Frauen hatten. Deren Kinder waren dann Halbgötter. Gilgamesch war ein Drittel Mensch, zwei Drittel Gott. Erstmals ist eine Trennung des Menschen von Gott beschrieben. Eine Loslösung, bei welcher der Menschgewordene plötzlich Angst kriegt vor seiner Sterblichkeit. Ratlos sucht er nach dem verlorenen ewigen Leben, der Unsterblichkeit der Götter. Die Götter, aus Wut und Rache, schicken dem Menschen eine Krankheit, an welcher der Bruder Gilgameschs stirbt. Der Mensch Gilgamesch macht sich nach dem Tod seines Bruders auf den Weg hinaus, auf eine grosse Wanderschaft, um in der Fremde das Geheimnis des Lebens zu finden. Er durchquert die Steppe, kommt zu einem grossen Berg, vor ein grosses Portal. Es ist der Eingang zum Nachttunnel der Sonne. Es ist der Weg, den die Abendsonne vom Westen her nimmt, um morgens am Ende des Tunnels im Osten wieder aufzutauchen. Der Eingang ist von zwei Wächtern bewacht, die halb Mensch/halb Skorpion sind. Gilgamesch überredet sie, ihn durchzulassen.
Am andern Ende des Tunnels tritt er in einen Garten, in dem alle Pflanzen aus Edelsteinen sind. Er kommt zu einem Gasthaus, dessen Wirtin ihm den weiteren Weg zeigt. Er stösst so auf den Fährmann der Unter-

welt, der ihn über das Meer des Todes bringt. Gilgamesch trifft nach überstandener Fahrt und diversen Schwierigkeiten seinen Urahn, Ziusudra, der ihm berichtet, Gott habe ihn, Ziusudra, vor einer grossen Flut gewarnt, die alles auf Erden vernichten werde. Er riet ihm, zur Rettung der Menschen ein Schiff zu bauen. Gilgamesch reisst sein Haus ab und baut daraus ein Boot. In dieses Boot verfrachtet er die Tiere, seine Frau und seine eigene ganze Sippe. Eine katastrophale Flut bricht in das Land ein, in Mesopotamien, das untergeht. Nach dem Ablaufen des Wassers haben nur die Bootsinsassen überlebt.

Der Urahn Siasudra und seine Frau werden, da sie die Menschheit gerettet haben, von Gott in den Gottesstand erhoben. Sie dürfen ab jetzt ein göttliches, das ist: ein ewiges Leben auf der Götterinsel Dihnun führen. Nach dem Zuhören dieser langen Geschichte war Gilgamesch eingeschlafen. Er schläft sechs Tage und sechs Nächte. Als er am siebten Tag aufwacht, erzählt ihm Gott, wo er eine Pflanze finden kann, die ihm das ewige Leben gibt. Dem Ratschlag folgend, findet Gilgamesch diese Pflanze und kehrt in sein Land zurück. Misstrauisch will er die mysteriöse Pflanze nicht als Erster schlucken, sondern sie zuerst an einem Greis ausprobieren. Als er an einem Brunnen rastet und dabei einnickt, stiehlt ihm eine Schlange diese Blume des ewigen Lebens.

Traurig und niedergeschlagen kehrt Gilgamesch in seine Heimatstadt zurück.

Noah

Als Noah 500 Jahre alt war (sein Urgrossvater Methusalem war, wie es sein Name schon sagt, noch älter geworden, er starb 950-jährig), kamen drei seiner Söhne zur Welt. Die folgenden Generationen wurden zunehmend weniger alt, wie man es heute sieht. Der Durchschnitt der Lebensdauer liegt heute in den fetten Ländern bei achzig Jahren; Noah und Methusalem haben sich natürlich absolut biotisch mediterran ernährt, nur Oliven und Manna. Die reine Burger-Diät bringt den modernen Amerikanern weniger Überlebensjahre, dafür prallgefüllte.

Zurück zu Gott. Gott wollte die Menschen schon einmal auslöschen, weil sie sündig waren. Er erbarmte sich allein Noahs und dessen Sippe, die als Einzige fromm geblieben waren. Ein Engel Gottes warnte Noah vor einem bevorstehenden mörderischen Tsunami, von dem kein Mensch wusste, nur der Himmel. Noah baute eine Arche, die als Arche Noah in die Geschichte einging. Hundertdreissig Meter lang. Zweiundzwanzig Meter breit. Dreizehn Meter hoch. Auf dieses Boot nahm er acht Personen mit. Seine Frau, seine drei Söhne und deren Ehefrauen. Dazu jeweils ein Paar aller Tiere. Elefanten, Löwen, Tiger, Jaguare, Panter, Gnus, Flusspferde, Krokodile, Zebras, Antilopen, Giraffen, Ziegen, Schafe, Hasen, Kaninchen, Hunde, Katzen, Mäuse, Flöhe, Läuse, Spinnen, Schlangen, Schnecken, Fliegen und alle Vögel des Tages und Nachtschwärmer wie die Eulen und Fledermäuse. Wie schon bei Gilgamesch ging die Menschheit unter. Die einzigen Überlebenden waren in der Arche Noah, die am Berg Arafat, dem heutigen Palästina, strandete, und neu anfingen:

aus drei Brüdern die neue Menschheit. Eine Inzucht. Noahs Nachfahre war Terach, der Vater von

Abraham

Urahn der drei Eingottreligionen: Christentum, Judentum und Islam. Diese drei Weltreligionen berufen sich auf denselben Stammgott, den Gott des Abraham, dessen Offenbarung heisst:

Die an mich glauben
Erwecke ich vom Tode zu einem neuen, ewigen Leben.

Abrahams Land wurde angegriffen. Er floh (aus dem heutigen Irak) in die Türkei, in den Norden nach Haran. Hier begegnet er Gott zum ersten Mal. Gott fordert Abraham auf, ins Gelobte Land nach Kanaan (Palästina) zu ziehen, dies solle das Land der Israeliten werden. Ab nun erscheint Gott selbst dem Abraham öfter: Deine Nachkommen sollen so zahlreich sein wie die Staubkörner auf Erden und die Sterne im Firmament.

In Palästina gab es eine unvorhergesehene Hungersnot, Gott hatte sein Volk zu früh dorthin geschickt. Abraham emigrierte, notgedrungen, mit seinem Volk nach Ägypten. In Ägypten gab er seine Frau Sarah als seine Schwester aus. Der Pharao verliebte sich in Sarah und nahm sie an seinen Hof, nichtsahnend, dass er Abraham als gehörnten Ehemann zurückliess. Als der Pharao von der Täuschung erfuhr, gab er Abraham seine Frau zurück, verstiess beide jedoch ausser Landes. Als Gott dies sah, wurde er wütend und schickte Abraham und seine Frau Sarah nach Palästina zurück und posaunte: Das Land der Palästinenser sei dir endgültig hiermit geschenkt. Abraham folgte dem Ruf, brauchte nur zahlreiche Erben, um das Gelobte Land aufzubauen.

Da Sarah inzwischen 90 war, eigentlich ins Altersheim gehörte, forderte sie ihren Mann auf, das Kinderkriegen mit dem Hausmädchen zu versuchen, der jungen Sklavin Hagar. Abraham schwängerte die Sklavin. Sie gebar einen erstgeborenen Sohn Ismael.

Ismael

Stammvater der Araber

Gott empfahl Abraham, seinen Sohn zu beschneiden. Da dieser Sohn unehelich geboren war, kriegte Gott, als er sich dessen gewahr wurde, Mitleid mit Sarah. Er schickte dem Abraham einen Engel, der ihm die Geburt eines ehelichen Sohns von seiner nun über neunzigjährigen Sarah verkündete und auch bestätigte. So steht es im Alten Testament. De facto war es so: Eines Tages waren Männer ins Haus Abrahams gekommen, wo sie bewirtet wurden. Plötzlich bemerkte Abraham, dass einer der Männer, die am Tisch sassen, Gott selber war: Dieser Mann gibt sich als Gott zu erkennen und verspricht Abraham, er werde mit seiner alten Sarah einen Sohn zeugen. In der Tat, es gibt heute in der Thora noch auftreibbare Zeugen, die diese Tat bezeugen, wie Sarah als gut Neunzigjährige einen Sohn gebärt, dessen Erzeuger der hundertjährige Abraham ist. Der Sohn ist:

Isaak,
Stammvater aller Juden

Mit der Zeit wird Sarah eifersüchtig auf Ismael, den Bastardensohn, den Abraham mit der Lehrtochter hat. Sie fordert Abraham auf, Magd und Kegel vor die Tür zu setzen: Verstosse dieses Mädchen und deren Sohn, sie darf nicht mit meinem Sohn das Erbe teilen. Die Sklavin Hagar und ihr Sohn Ismael werden in die Wüste geschickt, wo sie natürlich keine Überlebenschance haben. Sie werden jedoch vom mitleidigen Gott und seinem Erzengel vor dem Hungerstod gerettet, er holt sie aus der Wüste. Gott geht zu Abraham, stellt diesen auf die Probe: Töte deinen erstgeborenen Sohn, den Isaak. Abraham sammelt mit Isaak Trockenholz. Beide entfernen sich vom Haus und entzünden ein Lagerfeuer.

– *Wo ist denn das Lamm?*, fragt Abraham und nähert sich seinem Sohn von hinten, fasst ihn an der Gurgel im Würgegriff, setzt das Tranchiermesser an den Hals, da erschallt vom Himmel:
– *Halt inne, Abrahaaaamm!!!*
Nun wusste Gott, dass Abraham ihn fürchtete. Seine Liebe zu Gott war grösser als die zu seinem Sohn! Während Gott mit Abraham redete, sich unterhielt, liess er im Rücken Abrahams einen Widder im naheliegenden Gestrüpp sich mit den Hörnern verheddern. Ein Engel rief Abraham aus den Wolken zu:
– *Siehst du nicht den Widder im Gestrüpp??!! Nimm diesen anstelle deines Sohnes!*
Abraham gehorchte Gott. Gott vergass ihm das nie.

Abraham fuhr nach seinem leiblichen Tod als erster Mensch in den Himmel hinauf. Er wird im Stammbaum Jesu geführt, heute noch.

Jakob

Abrahams Sohn, der Isaak, der Gerettete, zeugt ein Kind, den Jakob. Gott erscheint auch ihm, so wie er dem Grossvater immer erschienen war. Gott kämpft mit Jakob unerkannt einen Ringkampf, der sich als hart erweist. Jakob lässt sich nicht in die Knie zwingen. Auf das hin gibt sich Gott zu erkennen und gibt seinem Sparringspartner einen neuen Namen: Israel, der mit Gott gerungen hat.

Jakob hat zwölf Söhne. Sie gründen die zwölf Staaten Israels. Einer der zwölf Söhne, Josef, wird von seinen andern Brüdern verschmäht und nach Ägypten als Sklave verkauft. Dort macht Josef jedoch Karriere und wird zum Berater des Pharao. Als in Palästina, dem Land der Israeliten, eine Hungersnot ausbricht, flüchten Josefs Brüder zu diesem nach Ägypten. Josef verzeiht seinen Brüdern und nimmt sie auf. Die Israeliten gedeihen in Ägypten und vermehren sich.

Moses

Ein paar Generationen später werden die Israeliten vom Pharao unterjocht und zu Sklaven gemacht. Gott offenbart sich Moses. Er erwählt ihn zum Anführer der Israeliten.

– *Wer bist du? fragte Moses.*
– *Ich bin der Gott deines Vaters Abraham. Ich bin*

der Gott seiner Söhne Isaak und Jakob. Moses fragt Gott, wie sein Name sei, es gebe viele Gottheiten in Ägypten. Gottes Antwort:
– Ich werde sein, der ich sein werde. Ich bin herabgefahren, um mein Volk aus ägyptischer Hand zu retten und ins Gelobte Land zurückzuführen.

Moses bittet daraufhin den Pharao, sein Volk auswandern zu lassen. Der Pharao jedoch zieht die Schraube an und verstärkt die Zwangsarbeit des israelitischen Volkes. Auf Pharaos Reaktion erzürnt Gott sehr, sehr, sehr. Er schickt dem Land Ägypten, an die Adresse von Pharao, neun Plagen, um diesen in die Knie zu zwingen, da er schwerhörig zu sein scheint:

1. Plage: Der Nil wird blutig
2. Plage: Die Invasion der Frösche
3. Plage: Die Invasion der Mücken
4. Plage: Die Invasion der Stechfliegen
5. Plage: Die Maul- und Klauenseuche
6. Plage: Geschwüre für Mensch und Vieh
7. Plage: Hagelstürme
8. Plage: Heuschreckenschwärme
9. Plage: Drei Tage Nacht

Die Plagen befielen nur die Ägypter, das von Gott auserwählte Volk der Israeliten blieb verschont. Der Pharao aber blieb immer noch stur. Erst bei der 10. Plage wurde er in die Knie gezwungen: Gott verordnete den Tod aller männlichen Erstgeborenen; nur der ägyptischen, nicht der israelischen. Der Pharao gab dann nach. Die Israeliten durften endlich das Land verlassen. Am Roten Meer angelangt, wurden sie jedoch vom nachrückenden ägyptischen Heer verfolgt, denn der Pharao hatte sein Nachgeben bereut.

An diesem Punkt der Weltgeschichte musste Gott ein weiteres Mal eingreifen. Er legte schnurstracks eine trockene Schneise durch das Rote Meer, einen trockenen Korridor, was den Israelis erlaubte, trockenen Fusses nach Sinai überzusetzen. Als das ägyptische Heer hinterherlief, liess Gott das ganze Heer in der einbrechenden Meeresflut ertrinken. So erreichten die Israeliten das von Gott gelobte Land Palästina.

VERS 14:

So fürchtet nun Jehovah
Dient ihm treu und rechtschaffen
Lasst fahren alle Götter
Denen eure Väter in Ägypten gedient haben
Und dient Jehova
Israel ist das auserwählte Volk

Auf dem Berg Sinai erscheint Gott dem Moses in einem flammenden, aber nicht brennenden Dornbusch. Moses ist der zweite Mensch nach Abraham, der Gottes Stimme gehört hat; nach beider Aussagen tönt es nach einem tiefen, durchdringenden Bass.

Griechische Mythologie

Als sich Zeus dem Menschen Semele offenbarte, verbrannte dieser, Semele, auf der Stelle, da kein Mensch den göttlichen Anblick aushalten konnte.

Kirche Jesu Christi der Heiligen der Letzten Tage

Joseph Smith, Jr., Prophet und Begründer der Kirche der Letzten Tage:

– Als ich 14 war und mein erstes Gebet gesprochen hatte, rief mich eine Stimme nach hinten in unseren Garten. Dort traf ich Gottvater und seinen Sohn Jesus Christus. Ich konnte sie nicht gut sehen, da sie hinter einem Dornenbusch versteckt waren.

Indische Tradition

Der berühmte Krieger Arzine bittet Gott Krishna, ihn anschauen zu dürfen. Krishna willigt ein und gibt dem Krieger das spirituelle Sehvermögen. Dieser sieht Gott in seiner Furcht und Ehrfurcht erregenden Gestalt:

Ich bin die Zeit, die alle Welt vernichtet,
Erschienen, um die Welt zu zerstören.
MAHABHARATA AUS VEDISCHER ZEIT. 400 V. CHR.

Gott hat das Werk dem Elefantengott Gamesha diktiert. In 18 Kapiteln und 100 000 Doppelversen wird der Hinduismus erklärt.

Moses und Aaron

erhalten die Erlaubnis von Gott, ihn in Person auf dem Berg Sinai zu treffen. Gott kündigt den beiden die Herausgabe der zehn Gebote an. Aaron ist der dritte Mensch, der Gottes Stimme hört, er berichtet ebenfalls von einem tiefen Bass. Aaron steigt wieder vom Berg hinunter ins Tal und verkündet den Israeliten die gute Nachricht. Währenddessen verweilt Moses oben bei Gott, der ihm zwei in Stein gemeisselte Tafeln überreicht. Da die Meisselung der Steintafeln eine gewisse Zeit ging, wurde das Volk unten im Tal unruhig und fing an zu murren. Sie wollten von Aaron keine Gesetze, sondern sie wollten ihren Gott sehen und anfassen. Um das Volk zu beruhigen, schenkte Aaron Gold. Die Aufgebrachten hatten jedoch nichts anderes im Sinn, als daraus ein Kalb herzustellen, um das sie tanzten. Vom Berg her konnte Gott natürlich zusehen, was unten vor sich ging. Er berichtete Moses, das auserwählte Volk tanze ums Goldene Kalb, er werde sie alle töten müssen. Moses bat Gott um Verzeihung, die dieser ihm gewährte, ausnahmsweise. Moses geht runter und kriegt vor seinem Volk einen Wutanfall: Er hebt die zwei steinernen Gesetzestafeln in die Höhe, schmettert sie mit aller Wucht auf die Erde in Stücke und zerstört dazu noch das Goldene Kalb.

Nicht alle Betroffenen, nur die Leviten, bitten Moses um Vergebung. Moses befiehlt ihnen, von den Abtrünnigen alle Männer mit dem Schwert zu töten. Moses steigt wieder auf den Berg und berichtet Gott über die Ermordung der Ungläubigen. Als Gott dies hört, vergibt er in seiner Güte das Geschehene und meisselt zwei neue Tafeln in Stein. Während des Meisselns gibt er mündlich Kommentare über Vorschriften und Gesetze ab, deren Detail er nicht in den Stein ritzen konnte.

Die zwei Tafeln, 35 cm hoch, 25 cm breit, jeweils 35 kg schwer, sind als einzig konkretes Werk Gottes auf Erden in Jerusalem in der Auferstehungskirche ausgestellt. Moses trägt die zwei Steintafeln runter ins Tal und berichtet seinem Volk, den Israeliten, über Gottes ultimative Weisungen: die Zehn Gebote.

– *Ich bin Jehovah, dein Gott, der dich aus Ägypten, dem Sklavenhaus, geführt hat.*
– *Du sollst neben mir keine andern Götter haben.*
– *Du sollst dir keine Gottesbilder machen.*
– *Du sollst nicht andern Göttern dienen, denn ich, der Herr, bin ein eifersüchtiger Gott. Die mir Feind sind, verfolge ich bis in die vierte Generation.*
– *Die mich lieben, lieb ich zurück.*
– *Du sollst den Namen Gottes nicht missbrauchen, der Herr lässt den Lästerer nicht unbestraft.*
– *Halte den Sabbat heilig.*
– *Sechs Tage darfst du arbeiten.*
– *Der siebte Tag ist Ruhetag.*

Hier die detaillierten Regeln des Schabat/Sabbat:
Du sollst nicht kochen.
Nicht nähen.
Kein Reh fangen und zerfleischen.
Nicht bauen und nicht abreissen.
Kein Feuer anzünden oder löschen.
Keinen Nagel einschlagen.
Keinen Knopf drücken.
Kein Licht anzünden oder abdrehen.
Kein Baby tragen.
Nicht schreiben.
Nicht einkaufen.
Das Essen muss koscher sein – kein Schweinefleisch, keine Hasen, keine Hummer und keine Muscheln.

Fleischiges und Milchiges wird getrennt: Zwei Koch-
töpfe. Zwei Spülbecken. Zweierlei Geschirr und Besteck.
Der Wein muss von einem jüdischen Winzer hergestellt
sein.

Ehre deinen Vater und deine Mutter.

Du sollst nicht morden.

Nicht ehebrechen.

Nicht stehlen.

Nicht lügen.

Nicht nach dem Haus deines Nächsten verlangen,
nicht nach seiner Frau, nicht nach seinem Sklaven
und seiner Sklavin, nicht nach seinem Rind, seinem
Esel oder sonst was, das ihm gehört.

Der Buddhismus

Buddha

geb. 560 v. Chr.

Kennt keinen Gott. Jedoch eine Moral. Es sind
Empfehlungen, kein Verbot und keine Bestrafung.
Es gibt zehn unheilsame Handlungen:

1. Das Töten
2. Das Stehlen
3. Das sexuelle Fehlverhalten
4. Das Lügen
5. Das Zwietrachtsäen
6. Die verletzende Rede
7. Die sinnlose Rede
8. Die Habgier

Das Christentum

Es zählt auch hier, wie bei den Juden, der Gott Abrahams. Jesus von Nazareth ist ein jüdischer Wanderprediger. Im Talmud der Juden und im Koran der Moslems wird Jesus als Prophet aufgeführt. In der Bibel ist Jesus mehr als nur ein Prophet, er bezeichnet sich selbst als der Sohn Gottes.

Die Erschaffung der Welt

Gott erschuf die Welt in sechs Tagen, am siebten Tag ruhte er. Er machte zuerst das Licht.
Dann Meer und Festland.
Die Fixsterne, die Sonne und den Mond.
Die Pflanzen und die Wassertiere.
Die Vögel, die Landtiere und den Menschen.

Nach einer Arbeitswoche betrachtet Gott sein Werk, findet es gut, deswegen ruht er sich am siebten Tag aus. Gott schuf sein Ebenbild aus Lehm, hauchte der Lehmskulptur seinen langen Atem ein: So schuf er Adam, den ersten Menschen.

Adam wurde es langweilig, da er allein war, und beklagte sich deswegen bei Gott. Dieser versetzt ihn in einen narkoseähnlichen Schlaf, entnimmt ihm eine

Rippe, aus der er die erste Frau formt: Eva.

Adam und Eva sassen in ihrer gottgegebenen Unschuld nackt unter einem Apfelbaum. Eva hielt Adam einen Apfel hin. Adam, nichts Böses ahnend, den züngelnden Schlangenkopf, der aus dem Grün der Äste runterhing und von hinten Eva ins Ohr flüsterte, nicht sehend, biss in den sauren Apfel. Als Gott von diesem erotischen Zwischenfall hörte, erzürnte er sehr. Adam und Eva hatten Sex gehabt, so ist die Apfelszene zu verstehen. Die Erbsünde war geboren. Sie ist nichts anderes als die Sexschuld. Eine Beschmutzung. Für die Christen ist der Sex bis heute der Verlust der Reinheit und der Unbescholtenheit, es bleibt eine Schuld und eine Beschmutzung, die Todsünde ist, man kommt dafür in die Hölle. Die Schuld trifft weniger den Mann, Adam, als vielmehr Eva, die Frau, die Verführerin, die, angestachelt von der Schlange, den Apfel hingehalten hatte.

In den heiligen Texten der Bibel gilt die Frau seit dem Sündenfall als hinterlistig und des Teufels und die Frauen alle als Schlangenbrut. Gott hatte Adam nach seinem Ebenbild geschaffen und er hatte womöglich dieselben Gefühle; als er dem Techtelmechtel der beiden zuschauen musste, wurde er eifersüchtig. Die Eifersucht, das Gefühl, hintergangen zu werden, ist immer noch das stärkste der menschlichen Gefühle, die uns – und die Welt – führen.

Die Strafe war brutal, das Schlimmste, was ein Gott sich hatte ausdenken können: Rauswurf aus dem Paradies, fertig mit dem ewigen Leben. Die Strafe auf Erden absitzen, zeitlich beschränkt und mit dem Tode bestraft. Gott schickte die beiden hinunter. Die primäre Sexschuld von Adam und Eva, die Ursünde, vererbt sich auf jeden Neugeborenen: Es ist die Erbsünde.

Jesus und die Erbsünde

Die Menschen können sich aus eigener Kraft nicht von ihrer angeborenen Schuld lösen. Gott hatte schlussendlich Erbarmen mit dem sündigen Menschen: Er liess seinen einzigen Sohn Mensch werden, liess ihn vor 2000 Jahren als Neugeborenes in Palästina auf die Welt kommen, genannt Jesus Christus.

Als Jesus zum Predigen alt genug war, sagte er: Ich bin der Sohn Gottes. Ich werde den Kreuzestod sterben, um euch von der Erbsünde zu erlösen. Wer sich in meinem Namen taufen lässt, dem wird seine angeborene Schuld erlassen. Der nicht getaufte Mensch kommt in die Hölle. (Noch nicht getaufte verstorbene Kleinkinder kommen in die Vorhölle. Diese Vorhölle gab es nur bis 2008, dann wurde sie durch ein päpstliches Dekret abgeschafft, es gibt sie demnach heute nicht mehr, die Vorhölle für Babys.) Das ist gut so. Aber was passiert mit den Menschen, die v. Chr. geboren wurden?

Abraham und Moses, da sie Propheten waren, kamen nach Christi Auferstehung durch Gottes Spezialerlass direkt in den Himmel. Das leuchtet ein, aber was geschieht mit den andern, die keine Propheten waren? Oder mit den andern Menschenarten wie die Neandertaler? Hier bleibt vieles unklar. Was passiert den Marsmenschen? Und Maria, die Mutter Jesu, kam sie in die Vorhölle, da sie nicht getauft war? Wie verhält es sich mit der Erbsünde Jesu selber: Wenn er als Mensch geboren wird, ist er ebenfalls mit der Erbsünde belastet? Eben nicht, sagt das Dogma, denn Maria war vor und nach ihrer Geburt Jungfrau geblieben, die unbefleckte Empfängnis, unbeschmutzt, sie habe mit ihrem Mann Josef nie Geschlechtsverkehr gehabt, so steht es geschrieben; auch nicht mit Gott, nur mit dessen Geist, dem Heiligen Geist, einer Taube.

Es gibt viel Ungereimtes daran, wie man sich das vor 2000 Jahren halt so vorstellte. Die Erbsünde kriegt als Fleischeslust lebenslänglich zugesprochen. Die einzige Todsünde der Zehn Gebote ist (ausser Todschlag) das sechste Gebot, die Unkeuschheit. Wer unkeusch stirbt, kommt in die Hölle.

Beim Christentum, übrigens wie bei den Juden und Muslimen auch, geht es nur um den Sex (als Sünde) und die Enthaltsamkeit, um nichts anderes. Es sind dies die vaginalfixierten Religionen, als ob die Scheiden Tempel wären, die man behutsam betritt, in denen man gerne verweilt und meditiert. Seit Gott den Adam nur des Sexes wegen verdammt hatte, gilt Enthaltsamkeit als Reinheit, nahe zu Gott. Gott ist die Reinheit. Das Geschlecht der Frau, die Versenkung, ist Schmutz und des Teufels, alles dreht sich um sie und windet sich in ihr.

Alle Eingottreligionen sind verkappte Vaginalreligionen, nichts anderes. Sie sind krankes Denken und deswegen ansteckend. Die Jungfernhaut kriegt entsprechende Bedeutung. Maria wurde laut Evangelien nie durchdrungen, nicht von ihrem Ehemann Josef, dem Gehörnten, noch von Gott, dem Erzeuger des ausserehelichen Sohnes. Das Jungfernhäutchen Marias wird nicht verrissen, bleibt sogenannt intakt, wird zur Trennwand zwischen den Christkatholischen und den Protestanten, eine Wand, die immerhin zwei Religionen scheidet.

Die Jungfernhaut gilt als eine hohe Auszeichnung: ein Taliban, der sich in die Luft sprengt, kriegt im Paradies 17 Jungfernhäute als Belohnung, die er sprengen darf. Sollten Mohammed und Jesus im selben Himmel Abrahams sitzen, so tun alle Nonnen mir leid, die, ein Klosterleben lang der Enthaltsamkeit verschworen, nun im Himmel in Erwartung der Dinge in erster Stuhlreihe sitzen.

Der Scheideneingang ekelt die Bischöfe und Kardinäle mehr an – an sich – als ein schöner After. Es gibt mehr homosexuelle Religionsmänner als solche, die sich mit Frauen vergnügen, und davon mehr pädophile, als Messdiener vorhanden sind. Die grösste Sünde ist das Weibliche. Wer mir folgen will, verzichte auf das Weib, sagte Jesus. Er ging seines Weges, verehrte seine Mutter zeitlebens und seine Tante Magdalena. Einmal wusch er einer Prostituierten die Füsse, mehr an Kontakt zu Frauen war nicht da. Zitat: Er habe in seinem Leben nie mit einer Frau geschlafen. Das muss mal gemacht sein! Er umgab sich mit zwölf jungen Männern, von denen Johannes sein Lieblingsjünger war. Hätte sich Jesus geoutet, was in der damaligen Zeit nicht üblich war, wäre unser Weltenlauf womöglich anders geworden.

– Hört! Hört! Johannes und Ich sind zusammen, und das ist gut so!
Enzyklika Humanae vitae, die Pillenenzyklika ge-

nannt, 1968. Papst Paul VI, offizieller Untertitel: *Über die rechte Ordnung der Weitergabe des menschlichen Lebens*

Der Geschlechtsverkehr diene nur zum Schwängern der Ehefrau, sei nur an den fruchtbaren Tagen gestattet. Vor- und ausserehelicher Geschlechtsverkehr bedeute Todsünde. Der Geschlechtsverkehr dürfe nicht zur alleinigen Lustempfindung verkommen, weswegen die Verhütungsmittel auf dem Index stünden. Pille und Kondom sind verboten. Präservative nicht mal gestattet als Schutz vor Aids. Wer Aids hat, ist irgendwie selber daran schuld. Laut der Enzyklika Humanae vitae ist das Aidsvirus eine Strafe Gottes für Unzucht.

Für den ab Geburt katholisch Geimpften bleibt die Sexschuld immer gross. Er trägt nicht nur die unverschuldete Erbsünde mit sich, er steigert sich mit jedem verbotenen Sexualakt in unermessliche Schuld hinein. Sein Körper ist schmutzig geboren, er beschmutzt ihn weiterhin laufend und zunehmend.

Dagegen hilft Beten, Selbstdemütigung, Askese (Hungern, Dursten), Selbstkasteiung (eine Woche ohne Sexobjekt) und direkte Peinigung des eigenen verworfenen, aasführenden, stinkigen Körpers durch Zwicken, Kratzen, Schlagen, Geisseln und Nichtduschen.

Gott hat durch seine Sexfeindlichkeit die Frauenverachtung historisch und schlussendlich weltweit ins Spiel gebracht, die grossen drei Religionen leben davon. Wenn Gott uns nichts anderes mitzuteilen hat, ist seine Message dürftig und eigentlich unnötig, überflüssig.

Gibt es Gott überhaupt? Wo ist der ultimative Beweis? Gott hat mit Abraham und Moses gesprochen. Beide haben seine Stimme gehört, ihn aber nicht sehen können, da er hinter einem brennenden Dornbusch versteckt war. Vorher und nachher hat sich Gott nicht bemerkbar gemacht. Schon bei der Geburt seines Sohnes im Stall von Bethlehem war er nicht dabei. Es gibt nur einen indirekten Zeugen, Jesus selber:

– Gott ist mein Vater. Ich bin sein Sohn. Er hat mich auf Erden geschickt, um Euch dies zu sagen.

Zum Beweis seiner Behauptung legte Jesus göttliche Kunststücke hin, die heute noch als Gottesbeweis geführt werden:

Die Wunder
Er ging übers Wasser.
Er befahl dem Sturm Einhalt, der Sturm legte sich. Petrus hatte nichts gefangen. Jesus füllte seine Netze sofort und prallvoll mit Fischen.
Das Überwassergehen ist eine Bestleistung natürlich. Wäre heute eine Goldmedaille bei den Olympischen Spielen.
Er vermehrte beim Hochzeitsfest zu Kana die ausgegangenen Brötchen und verwandelte Wasser zu Wein, für 4000 Personen.
Lazarus war seit fünf Tagen tot. Er erweckte ihn mit dem Befehl:
– Nimm dein Bett und geh.
Lazarus stand auf, nahm sein Bett und starb irgendwann später noch einmal. Jesus starb den Kreuzestod, wurde begraben, am dritten Tag war sein Grab leer, er war von den Toten auferstanden. Als Beweis erschien

er seinen versammelten Jüngern einige Zeit später (diese Zeitspanne ist nicht genau definiert), zeigte ihnen seine Wunden an Händen und Füssen (der ungläubige Thomas durfte zum Beweis seine Hand in die Lanzenstichwunde am Oberbauch legen), brach Brot mit ihnen – am Brotbrechen erkannten sie ihn – und trank zwei Glas Weisswein, gespritzt mit Wasser. Dann verliess er das Zimmer und ward seither nie mehr gesehen (ausser ein Mal am Grab seiner Mutter).

Es gibt im Evangelium einen Bericht, der schildert, wie Jesus bei der Himmelfahrt nach ungefähr siebzig Metern Höhe in der Wolkendecke verschwand. Nun sitzt er in Menschengestalt auf einem Thron im Himmel, neben Gottvater – der als Greis dargestellt mit langem Bart auch auf einem Stuhl sitzt – und neben Maria, seiner Mutter, deren Himmelfahrt im Dogma von Pius XII. 1950 festgelegt wurde. (Die Jünger hatten Maria, die Mutter Jesu, nach ihrem Tod begraben, das Grab mit einem Stein zugedeckt. Jesus erschien am Grab mit drei Engeln, die den Grabstein beiseiteschoben, erweckte seine Mutter von den Toten und liess sie lebendigen Leibes in den Himmel aufsteigen.) Alle Toten dieser Erde (man weiss nicht, wieweit zurückgegangen wird, es wird sich jedoch um Abermilliarden Menschen handeln, wahrscheinlich ohne die Neandertaler), die meist schon lange zu Asche sind, werden wiedererweckt werden; das ist das grosse Versprechen, der grosse Versprecher der drei monotheistischen Religionen. Der Reinfall der Gutgläubigen. Sollten Menschen auf anderen Planeten entdeckt werden, so ist, laut Papstdekret Vojtilas, Christus auch für diese am Kreuz gestorben, um sie von der Erbsünde zu befreien.

Wer zur ewigen Anschauung schlussendlich neben Gott auf einen Stuhl-in-den-Wolken kommt, entscheidet eine schlimme Instanz, eine neue Inquisition.

Das Jüngste Gericht

Jesus sitzt im Himmel und schaut auf die Welt runter. Er sieht, wenn wir ins Auto steigen. Wann wir schlafen gehen und mit wem. Er sieht alles und greift ein. Für Maradona hat er an der WM ein Tor geschossen. Es war die Hand Gottes, sagte der Torschütze. Er sieht, wer masturbiert und wie oft, auch wenn's im stillen Kämmerlein ist, und schickt dem Betroffenen, irgendwann, wenn der Eimer voll ist, Tuberkulose und Rückenmarkschwindsucht. Das Schwulen-Aids. Der ausserehliche Geschlechtsverkehr wird manchmal sofort bestraft – der Gigolo fällt aus dem Bett, in das er gestiegen war, auf den Kopf und bricht sich einen Halswirbel, oder er läuft beim nach Hause gehen in ein Auto, oder er fällt beim nächsten Sportwochenende beim Nachhausegehen in eine Gletscherspalte –, oder erst beim Jüngsten Gericht.

Wie soll man Kindern, den Erstkommunikanten, erklären, was das Jüngste Gericht sei? Schwer zu sagen: Es ist das ultimative Endgericht, das der letzten Instanz, vergleichbar mit dem Gerichtshof in Strasbourg, ein Rekurs ist ausgeschlossen. Hier wird Jesus Christus den Weizen, die Frommen – die Taube hilft ihm dabei –, von der Spreu, den Sündern, trennen. Kein

Staatsanwalt. Kein Anwalt der Verteidigung. Keine Zeugeneinvernahme.

– *Ich werde die erkennen, die mir gefolgt sind*, sagt Jesus. Es geht zu wie bei Gilgamesch 1200 v. Chr., die Guten landen im Himmel und die Bösen in der Hölle. Da nichts Unreines in den Himmel kommen kann, aber nur die Todsünden in die Hölle müssen, wurde für die leichten Sünden neben Himmel und Hölle ein dritter Ort etabliert, das Fegefeuer. Ein Ort der Läuterung bei lässlichen Sünden. Diese Betroffenen der Mittelschicht spüren hier bereits die Zuneigung und Liebe Gottes, werden sie doch im Feuer dieser Mittelhölle nur eine Zeitlang bis zum völligen Reinsein abgefackelt und gefegt.

Papst Gregor der Grosse stellte sich im sechsten Jahrhundert ein Fegefeuer vor, ab zwölftem Jahrhundert war das Fegefeuer als Volksglaube gut etabliert. 1992 befand Papst Johannes Paul II., man müsse glauben, dass es für gewisse leichte Sünden ein Reinigungsfeuer gibt. Im heutigen (!) Katechismus (ökumenischer Text) wird das Fegefeuer als Purgatorium für eine abschliessende Läuterung angeführt. Das Fegefeuer ist der Wartesaal des Himmels für eine zeitbegrenzte Untersuchungshaft vor dem Letzten Gericht.

Der Islam

Allah

Jeder sechste Mensch ist Bekenner des Islam, Tendenz steigend. Der Islam ist eine späte Kopie des Juden- und Christentums, alle drei Religionen meinen denselben Gott. Während die Juden und die Christen auf die Endabrechnung im Himmel warten, wollen die Muslime den Gottesstaat bereits hier und jetzt einsetzen, und zwar sofort, koste es was es wolle. Was natürlich das Ende der Menschenrechte bedeutet und der Demokratie.

Charlie Hebdo.

Denn Gottesrecht mag gut für die Toten sein, für die Lebendigen ist es jedoch grauenvoll.

Die Mullahs, die Prediger Gottes, bestimmen das Rechtssystem, das Ende der Demokratie, ihre Scharia basiert auf Männerherrschaft und Unterdrückung der Frau und auf sonst nichts.

Mohammed

Wird 570 n. Chr. in Mekka geboren. Als er vierzig wird, erscheint ihm der Erzengel Gabriel, der damals schon Maria erschienen war, Engel altern nicht. Mohammed war gerade ins Bett zum Schlafen gestiegen, als der besagte Engel neben ihm stand und mit ihm redete. Dies dann regelmässig, diese Diskussionsrunde, jeden

Abend vorm Schlafengehen. 22 Jahre lang. Bis zu seinem Tode hört Mohammed die Stimme im Kopf. Ab der ersten Engelserscheinung erklärt sich Mohammed zum Propheten Gottes, zum Stifter einer neuen Religion, des Islam.

Beitrittserklärung:
Wer bekennt, Allah sei der einzige Gott und Mohammed sein Prophet, wird in die Gemeinschaft der Islamisten aufgenommen.

632 n. Chr. stirbt Mohammed in Medina, ohne einen Nachfolger ernannt zu haben. Allein dieses Versehen führt im Islam zur Spaltung.

Die Sunniten sind die leiblichen Nachkommen Mohammeds, die Schiiten nicht. Beide Gruppen bekämpfen sich aufs Messer und zu Tode, bis heute.

Der Erzengel Gabriel wohnt seit biblischen Zeiten im Himmel. Er war einer der guten Engel. Er wurde um das Jahr null auf die Erde geschickt als Marias Verkünder ihrer Gottesschwangerschaft. Er ward dann Zeuge der ganzen Gottesgeschichte:

Jesu Geburt. Dessen Lauf übers Wasser. Die Heilung der Kranken und die Todeserweckungen. Die diversen Himmelfahrten von Jesus, Maria, Abraham und Moses.

Die Ankündigung des Letzten Gerichts samt Himmelsbelohnung und Höllenbestrafung. Manna im Paradies und Trauben, Maria als ewige Jungfrau. Die Wichtigkeit der Jungfräulichkeit überhaupt und so weiter. Der Erzengel hatte demnach Mohammed viel zu berichten: Über die Eingottgeschichte. Die Schöpfung der Welt. Die Trennung der Menschheit in Gläubige und Ungläubige. Über Paradies und Hölle. Und das Letzte Gericht. Die Überlieferungen Mohammeds sind mündlich, er selber konnte weder lesen noch schreiben. Seine Aussagen sind im Koran festgehalten. Die 114 Kapitel sind in Suren aufgeteilt.

Der Koran
bestimmt alle Lebensformen seiner Gläubigen

Im Koran ist Jesus nicht der Sohn Gottes, sondern Allahs Prophet. Von der Bibel übernommen sind der Himmel als Paradies und die Hölle als solche. Mohammed bringt jedoch eine Optimierung an: Den Ungläubigen in der Hölle wächst alle 2–3 Sekunden eine neue Haut nach, damit sie wieder verbrannt werden und die Schmerzen überhaupt wieder spüren können. Eine Dauerverbrennung geht nämlich nicht, hier hat der Koran gegen die Bibel recht. Der Koran und die Bibel enthalten Sätze grosser Güte, die Hölle aber, das muss man schon so sagen, ist Auschwitz hoch drei, menschlich nicht mehr sagbar. Sie ist ein göttliches Geschöpf, für einen Menschen nicht verstehbar, ein teuflisches.
Gott ist der Teufel.

Allah richtet meistens hier und jetzt und sofort. Sein direktes Sprachrohr sind die bärtigen Ajatollahs der Schiiten, der Sunniten, der Taliban. Das Gesetz ist die Scharia, sie ersetzt die freie Meinungsäusserung, die Menschenrechte, die Demokratie. Daraus entsteht:

Der Gottesstaat

Der islamistische Gottesstaat ist, gleich dem der Christen und Juden, auf Frauenfeindlichkeit aufgebaut, hier schier auf die Vernichtung des weiblichen Wesens ausgerichtet.

Das Leben besteht aus Erotik pur im negativen teuflischen Sinn. Abscheu und Lust begrenzen sich nicht nur auf die Vagina und die Jungfernschaft, sondern auf den weiblichen Körper in seiner ganzen Länge, vom Kopfhaar bis zum grossen Zeh. Der Frauenkörper strahlt tödlich wie ein Kraftwerk in die Welt hinaus, das wissen wir geschädigten Christen auch.

Es ist ja nicht nur der Unterleib, der vorn und hinten ausstrahlt wie verrückt; es sind die Blicke, die Bewegungen, das goldige Haar, die Ohrmuschel mit der sich nach innen versenkenden Öffnung zum Innenohr; es sind all die kleinen Öffnungen im Gesicht, die Nasenflügel und die Nasenlöcher; die quergestellten wulstigen Schamlippen des Mundes, erster Vorposten der in zweiter Reihe geschlossenen weissen Zahnabwehr, Wächter der Mundhöhle, des langen Zungenmuskels und des Rachens, dem wahren Eingang ins innere Reich der Seele. Es ist der lange Nacken. Die handgreiflich angelegten Hüften, der lange Rücken. Es ist der Nabel, der Vulkankrater mitten am Bauch. Es sind die Innenseiten der Oberschenkel, die den Körper erstarren machen, und die Fusssohlen, die vielen kleinen weissen Zehen rot lackiert. Es ist da nichts, was nicht erotisch wäre, was nicht verdeckt, verschleiert, unsichtbar gemacht gehörte, bis und mit den Augen; was das Gehen über die Strasse erschwert, die meisten verschleierten Frauen laufen unter ein Auto; und was die Passkontrollen an den Flughäfen verunmöglicht, denn die Persönlichkeit der weiblichen Person ist ausradiert.

Nur in der Ehe wird der Schmutz des weiblichen Körpers zur Goldgrube, an ihm darf straffrei genossen werden.
Wenn die Mullahs in den Puff gehen, heiraten sie das Mädchen, das sie sich vorführen lassen, es darf auch eine 14-Jährige sein wie bei Mohammed. Nur für eine Stunde. Nach dieser Hochzeitsstunde erteilen sie sich gegenseitig die Scheidung. Die Verehelichung galt dem Schutz der Frau, wohlverstanden, sonst müsste sie laut Scharia wegen unehelichen Geschlechtsverkehrs gesteinigt werden.

Zitate aus dem Koran
– *Dies ist das Buch, an dem nicht zu zweifeln ist. Es ist die Rechtsleitung für die Gläubigen.* (SURE 2)

– *Wenn die Ungläubigen sich abwehren, dann ergreift sie. Und tötet sie, wo immer ihr sie findet.* (SURE 4,89)

– *Wenn sie, die Ungläubigen, um Hilfe rufen, wird ihnen mit Wasser wie mit geschmolzenem Erz geholfen. Wer aber auf dem Weg Gottes kämpft, ob er getötet wird oder siegt, dem werden wir einen gewaltigen Lohn geben. Er tritt sofort nach seinem irdischen Tod ins Paradies ein, wo 17 Jungfrauen auf ihn warten.*

Es ist heute erwiesen, dass das Jungfrauenzitat auf einem Übersetzungsfehler aus dem Aramäischen ins Arabische beruht: Den Märtyrer erwarten nicht gross-

äugige Jungfrauen, sondern weisse Weintrauben
(SURE 18,29)

– *Und sag den Frauen, dass sie ihre Blicke senken und dass sie ihre Scham bewahren sollen und dass sie sich ihren Schal in den Ausschnitt schlagen sollen.*
(SURE 24)

Die Frau

AUS DER SURE 4: 14, 15, 33 ,55 ,117

– *Wenn einige eurer Frauen eine Hurerei begehen, dann rufe vier von euch Männern als Zeugen gegen sie auf. Bezeugen sie es, dann schliesst diese Frauen in die Häuser ein, bis der Tod sie ereilt.*

– *Und wenn zwei von euch Männern es begehen, dann fügt ihnen Übel zu. Wenn sie aber umkehren und sich bessern, dann lasset ab von ihnen, denn Allah ist gnädig.*

– *Die Männer stehen den Frauen zur Verantwortung vor. Die tugendhaften Frauen sind die Gehorsamen. Jene, deren Widerspenstigkeit ihr befürchtet, ermahnt sie, meidet sie im Ehebett und schlagt sie.*

Wahrlich, Allah ist erhaben und gross.

– *Diejenigen, die nicht an unsere Zeichen glauben, die werden wir im Feuer brennen lassen. Sooft ihre Haut verbrannt ist, geben wir ihnen eine andere Haut, damit sie die Strafe kosten können.*

Wahrlich, Allah ist allmächtig und allweise.

– *Diejenigen aber die glauben wollen, werden wir in Gärten eingehen lassen, durch welche Bäche fliessen. Darin werden sie ewig weilen, dort sollen sie reine Gattinnen haben.*

– *Wahrlich Allah wird es nicht vergeben, dass ihm Götter zur Seite gestellt werden.*

Die Scharia als Rechtssystem

LITERATUR: Christine Schirrmacher. Die Scharia. Recht und Gesetz im Islam. Verlag Hänssler, Holzgerlingen

Die Scharia ist die vollkommene Ordnung, von Gott selbst geschaffen, deshalb nicht veränderbar.
Das Endziel des Islam ist, weltweit Gottesstaaten einzurichten, in denen die Scharia das demokratische Rechtssystem ersetzt. Einige Staaten haben die Scharia, ganz oder teilweise, als Rechtsprechung bereits eingeführt: Sudan. Iran. Pakistan. Nigeria. Jemen. Libyen.

Die Männer stehen über den Frauen, weil Gott die Männer vor diesen ausgezeichnet hat.
Und die rechtschaffenen Frauen sind ergeben und gehorsam. Dieser Gehorsam bezieht sich auf den Sex. In der Ehe hat der Mann jederzeit das Recht auf den Körper seiner Frau. Eine Ehefrau soll dem Mann immer zur Verfügung stehen, sobald er es wünscht. Frauen gehorchen ihren Gefühlen, wohingegen Männer ihrem Verstand folgen. Demnach ist die geistige Überlegenheit des Mannes über die Frau einfach naturgegeben. Und wenn ihr fürchtet, dass eure Frauen sich auflehnen,

dann vermahnt sie, meidet sie im Ehebett und schlagt sie.

Die Mehrzahl der heutigen islamistischen Theologen – die, durch das globale Fernsehen kulturell infiziert, gewahr werden, dass die Frauen kein Vieh im Stall mehr sind und warten, gemolken zu werden –, relativieren diese Sure: *Die Frau soll niemals heftig oder ins Gesicht geschlagen werden, zumindest nicht so, dass sie eine Verletzung davonträgt.*

Schläge sind das letzte Erziehungsmittel, wenn der Familienfrieden auf eine andere Weise nicht zu erreichen ist. Die Frauen werden von ihrem Vormund, den Eltern oder dem Onkel, verkuppelt, sie haben bei der Wahl ihres Ehemanns kein Mitspracherecht, sie müssen auch bei der Unterzeichnung des Ehevertrages nicht anwesend sein. Für Mädchen ist eine Eheschliessung ab neun Jahren möglich. Mohammed hatte zuerst eine 14-Jährige geheiratet.

Die Schiiten kennen die Zeitehe, die sogenannte Genussehe, die ihnen über die erlaubten vier Ehefrauen hinaus, weitere Frauen zugesteht, die Wochenend- und Reisefrauen. Wenn die Ajatollahs in den Puff gehen, heiraten sie für eine Stunde, etc., wie erwähnt.

Im Eherecht wird der Frau immer nur die Hälfte von dem zuerkannt, was dem männlichen Erben zusteht.

Die Frau hat sich vor allem zu Hause aufzuhalten, um den Männern draussen nicht Anlass zur Unmoral zu geben. Sie muss sich verhüllen. Unzüchtiges Benehmen, ein Blickkontakt genügt, wird mit Auspeitschen und Steinigung bestraft. Mord und Todschlag verletzen nur menschliches Recht, Ehebruch verletzt göttliches Recht. Sic! Scharia.

Der Gottesstaat (noch einmal)

Der einzige Weg zur Endlösung ist der gerade göttliche Pfad, anderenfalls wird Gottes Hand aus dem Ärmel der unterdrückten Nationen auftauchen und euch das Leben schwermachen. Gott schuf den Menschen aus Staub, aber nicht, um darin oder in animalischen Instinkten zu verharren. Lasst uns Hand in Hand den Widerstand gegen das Böse und die wenigen Übelwollenden aufbauen. Das amerikanische Imperium und das zionistische Regime gehen ihrem Ende zu. Würde und Recht der Amerikaner und der Europäer sind der Spielball einer winzig kleinen, aber schurkischen Gruppe von Zionisten, die wichtige finanzielle und politische Entscheidungszentren beherrschen. Wisset, dass ein Leben in Gehorsam gegenüber Gott und seinen Geboten auch zu eurem Gute ist. Ich fordere euch auf, zum Pfade Gottes zurückzukehren. Eine Gemeinschaft, Freundschaft, Brüderlichkeit und Wohlfahrt wird bald die unsrige sein, so wie die Propheten Noah, Abraham, Mose, Jesus und Mohammed es verheissen haben.

Dieser Absatz **Der Gottesstaat** (noch einmal) ist eine Zitatenauslese aus der Ansprache des iranischen Präsidenten Ahmadinejad zum Thema *Verbesserung der Welt,* die er am 23. September 2008 vor der UNO-Vollversammlung in New York gehalten hat.

Alles kam vom Erzengel Gabriel

Der Erzengel Gabriel erschien dem Propheten Mohammed zum ersten Mal, als dieser vierzig war. Er würde
ihm, sagte der Engel, die Schriften Gottes mit den Weisungen für die Menschheit überreichen. Mohammed
antwortete:

– *Ich kann nicht lesen.*

– *Dann werde ich sie dir diktieren*, sagte der Engel.
Jede Nacht erschien er Mohammed im Schlaf und
diktierte ihm die Suren des Koran.

Quibla

Die Vereinigten Arabischen Emirate haben 2008 ein
Zentrum für islamische Rechtsgutachten eröffnet, in
dem sunnitische Rechtsgelehrte knifflige Fragen aus
der modernen Welt beantworten. Anfragen:

– *Beeinträchtigen Appetitzügler-Tabletten den religiösen Wert des Ramadan-Fastens?*

– *Im Fall einer Landung von Islamisten auf dem Mars,
in welcher Richtung ist dann der Gebetsteppich aus-
zulegen, der ja immer nach Mekka ausgerichtet werden sollte?*

– *Der erste Islamist als Astronaut im ISS-Modul: Im
Monat des Ramadan soll ich fasten von Sonnenauf-
gang bis Sonnenuntergang. Bei uns in der Erdum-
rundungsstation geht die Sonne täglich sechzehn
Mal auf und unter, welcher Sonnenuntergang ist der
richtige, wie soll ich mich verhalten?*

Die Atheisten

Weltweit glauben nur 3% der Menschen, dass es keinen Gott gibt. Das heisst umgekehrt, fast alle glauben, ein Gott habe die Welt und uns erschaffen und schaue uns einzeln zu, von morgens bis abends, was wir machen, kenne unsere intimsten Gedanken und bestrafe uns mit der ewigen Hölle, hätten wir einen lüsternen Gedanken gehabt, den wir vor unserem Tode dem Pfarrer nicht gebeichtet hätten.

Die Atheisten glauben, dass wahrhaft Gläubige – die den Glauben praktizieren und sich in ihrem Leben kasteien und umkehren lassen – bereit sind, Nichtgläubige zu töten, und Frauen hassen, nur weil diese einer niederen Natur sind.

Die Atheisten glauben, die wahrhaft Gläubigen glaubten an einen niederen Gott, dessen vorchristliche simple und antiquierte Aussagen aus heutiger Sicht wohl abstrus sind, mehr noch: psychiatrisch relevant und behandlungsbedürftig. Und die in Horden in den Kirchen, Moscheen und Synagogen zusammengetriebenen Schafe und Hasen Gottes besser in psychiatrische Heilanstalten gehörten. Oder auch nicht, denn der wahre Glaube an Gott ist hier unten nicht heilbar.

Kurzkommentar

Wenn wir aufhören, im Himmel nach Göttern, die nicht da sind, herumzustochern – seit seiner Rede hinterm Dornbusch hat Gott nichts mehr gesagt, was die rot angeschwollenen Köpfe der Gläubigen platzen macht: Es ist das grosse Schweigen Gottes! Le silence de la mer! –, dann bleibt uns nichts anderes übrig, als mal zu schauen, was uns unsere Welt real anbietet. Wenn man das Witzlein Gottes, der sich hinter dem Dornenbusch versteckt hielt und fünf Worte redete, mal weglässt, kann man wohl sagen, dass Gott sich seit Menschen- und Weltgedenken noch nie gezeigt oder irgendwie bemerkbar gemacht hat. Es macht Sinn, wenn wir über das reden, was wir verstehen. Gott macht in dem Sinn keinen Sinn. Wer trotzdem an Gott glaubt, hat aufgehört zu denken; was das logische Denken betrifft, ist der Gläubige hirnamputiert.

Die Texte, die bis hierhin erwähnt wurden, sind Zitate aus den sog. Heiligen Schriften, es ist nur ein kleiner Teil der Dummheiten, die von den Christen, Juden und Islamisten gepredigt werden. Noch einmal: Die hoch krankhaften und krankmachenden Texte, die bis zu dieser Zeile erwähnt wurden, sind Originalzitate aus den Heiligen Schriften Gottes: Bibel, Tora und Koran. Wer glaubt, wird selig. Tötet die Ungläubigen ist die Parole. Macht euch die Frauen untertan und misshandelt sie. Der Glaube an Gott ist wohl nicht Beweis genug für dessen Existenz! Das heisst, man kann nicht sagen, es müsse Gott geben, weil so viele an ihn glauben. Wenn es nun keinen Gott gibt? Was ist wie dann und wo was?

Das Sein

Was ist, das ist. Dieser Satz bedeutet die Welt, in der wir leben. Nicht mehr und nicht weniger. Die gegenteilige Aussage ist ebenfalls richtig: Was nicht ist, ist nicht. Die Welt ist alles, was der Fall ist.
WITTGENSTEIN IM TRACTATUS

Der Urknall

LITERATUR: Stephen W. Hawking. A Brief Hystory Of Time: From The Big Bang To Black Holes. Bantam Books, New York

Die Entstehung der Welt fand vor 13,7 Milliarden Jahren statt. Es war die Geburt des Universums. Der Beginn allen Daseins. Aus einem heissen Brei entstehen, 200 Millionen Jahre nach dem Urknall, die ersten Sterne. Die Gaswolken schrumpfen zu Sternen. Diese enden einmal als Schwarze Löcher. Um diese schwarzen Löcher herum bilden sich die Galaxien. Der Weltraum dehnt sich aus, heute noch, und zwar gleichzeitig nach allen Richtungen, so wie ein Ballon, den man aufbläst. Simon Lillys Gruppe von der ETH Zürich fotografierte 2012 sogenannte Dunkle Galaxien aus dem All. Entfernung von der Erde: 11 Milliarden Lichtjahre. Die Bilder zeigen das Universum von vor 11 Milliarden Jahren. (Gott im Himmel muss alt sein! Und das alles in Menschengestalt! Der wahre Glaube ist stark.) Der Durchmesser des aktuellen Universums ist die Distanz, die das Licht in 10 Milliarden Jahren zurücklegt. (Diese Distanz kann man sich kaum vorstellen, wenn man bedenkt, dass das Licht 1,3 Sekunden von der Erde zum Mond braucht.) Die Fluchtgeschwindigkeit der Galaxien kann errechnet werden. Diese Geschwindigkeit bedeutet die Weltzeit, auch die Zeit unserer Erde. Die Uhrzeiger zeigen die Zeit an, am genauesten die Atomuhr. Aus der zunehmenden Geschwindigkeit des auseinanderdriftenden Weltalls konnte Einstein durch Zurückrechnen zeigen, dass der Nullpunkt der Zeit mit dem Big Bang stattfand. Vor dem Urknall gab es demnach keine Zeit. Unsere Sonne entstand vor 4,7 Milliarden Jahren. Unsere Erde entstand vor 4,5 Milliarden Jahren. Das Universum vor 13,7 Milliarden Jahren.

Das Universum

Hier gelten durchgehend die gleichen Gesetze, einheitlich:

– Alle Materie besteht aus den gleichen Atomen.

– Die Schwerkraft hält die Welt zusammen.

– Es gibt ausserhalb der Schwerkraft, die unser Universum regelrecht beherrscht, eine Fliehkraft, eine dunkle Energie, welche unser Universum auseinanderzieht. Die Galaxien driften auseinander. In immer grösserer Schnelligkeit, dies erst seit fünf Milliarden Jahren. Einstein hatte die Stabilität des Universums errechnet. Da er jedoch zu einer Instabilität kam, er dies jedoch nicht glauben wollte, fügte er einen Schummelparameter ein, der wiederum zur Stabilität führte... die grösste Eselei meines Lebens, wie er später bereute. 1929 bewies Hubble, dass das Universum auseinanderdriftet!

– Es gilt immer das Kausalitätsprinzip: Eines folgt dem andern.

– Es gibt eine Logik, es gibt die Logik. Die Materie,

d. h. die Welt an sich, das Sein also, kann nicht denken. Einem denkenden Wesen, dem Menschen z. B., fällt es jedoch auf, dass die Vorgänge auf dieser Welt sich immer logisch entfalten, auch wenn diese Vorgänge nichts voneinander wissen. Wir können nur logisch denken. Es bleibt uns nichts anders übrig. Es kann demnach nicht sein, dass Jesus übers Wasser ging, er wäre untergegangen. Konnte man damals schwimmen? Nein.

Die Entstehung des Lebens

Das Bakterium, die Bakterie, ein einzelliges Kleinstlebewesen, ist die erste Lebensform auf Erden. Die Bakterien setzen durch Fotosynthese Sauerstoff frei. Ohne Sauerstoff gibt es kein Leben auf unserem Blauen Planeten. Die Moleküle (kleinste Einheit) aller Lebewesen auf unserer Erde haben denselben Bauplan: Alles Leben stammt aus einer Urzelle ab, deren genetischer Code immer derselbe ist. Die Bakterien sind einzellig. Es fand eine sexuelle Revolution statt. Frei nach Darwin: der Weg der Besserung, der Weg zum Besten. Es ist denkbar, dass das Universum entstand, um die Sexualität zu ermöglichen! Die Bakterien vereinigten sich auf jeden Fall, sie teilten ihren jeweiligen Bauplan. Das Kind Bakterium ist eine Erbmischung zu jeweils 50 % Mutter/Vater. In der neu entstandenen Zelle sind demnach neue Kombinationen des Erbguts möglich: Aus einfachen Lebensformen entwickelten sich über Milliarden Jahre komplexe.

Die Evolution

des Lebens findet seit 4,5 Milliarden Jahren statt. Die Jahre vorher gab es kein Leben. Nur Berge. Die Evolution ging so: Einzellige Lebewesen, die Bakterien. Die Pilze. Die Hohltiere. Die kieferlosen Fische. Die ersten Landpflanzen. Die Farne. Dann kam der Landgang der Wibeltiere:

Der Tiktaalik

LITERATUR: Neil Shubin über die Evolutionsbiologie in: Der Fisch in uns. Fischer Taschenbuch, Frankfurt am Main.

Wir haben vieles in uns, was die Fische haben. Viele Muskeln, Nerven, Knochen stammen von der Kiemenstruktur der Fische ab. Neil Shubin entdeckte 2004 in der Arktis den Tiktaalik, den halb Fisch/das halb Wirbeltier. Der T. hat Kiemen und eine Lunge! Er hat Schuppen auf der Haut. Er hat Fischflossen, einen beweglichen Wirbelhals und Gliedmasse. *Tiktaalik ist das fehlende Bindeglied aus der Zeit, als die Fische aus dem Wasser gestiegen sind zum Landgang!*

Weiter in der Evolution:
Die Amphibien
Die ersten geflügelten Insekten
Die Reptilien
Die ersten Säugetiere: die Dinosaurier
Die ersten Vögel
Dann das Massensterben der Dinos und anderer. 99 % der Tierwelt verschwindet, man nimmt an durch einen Meteoriteneinschlag im heutigen Mexiko (mit

einer Riesenkraterbildung auf der entgegengesetzten Seite der Weltkugel, in Sibirien!). Dies alles erst vor 65 Millionen Jahren!

Dann die Ausbreitung der Säugetiere. Die ersten Primaten und Hominiden. *Über die afrikanischen Affen entstand der Mensch* (Darwin). Der nächste Verwandte des Menschen ist der Schimpanse, sein genetischer Code unterscheidet sich vom menschlichen Code nur um 1,6 %.

Vor 68 Millionen Jahren schlugen die Menschenaffen einen eigenen Weg ein. Erst vor 40 000 Jahren fand die kulturelle Entwicklung des Menschen statt, sie verbesserte seine Überlebenschancen. Die Gene machten mit. Wachstum des Gehirns, der geistigen Fähigkeiten. Die Evolution versuchte sich in alle Richtungen. Es gab insgesamt mindestens sieben verschiedene Menschenarten, wenn nicht zehn. Von denen überlebte nur der heutige moderne Mensch, der Homo sapiens. Wir entstanden vor 2,5 Millionen Jahren in Afrika. Das Paradies, die Wiege der Menschheit, lag nahe dem heutigen Kenia. Von hier aus besiedelte der Mensch den Planeten Erde. Er hatte den aufrechten Gang erlernt und sein Gehirn war gewachsen, heute bis zu zwei Kilo. (Das Hirn der Frau ist tatsächlich im Durchschnitt leichter als das des Mannes, aber dieser Umstand hat nichts mit dem Intelligenzgrad zu tun, es geht um die Anzahl der Hirnwindungen; das Hirn des Elefanten ist viel schwerer als das des Mannes, aber weniger intelligent; wenn es diesbezüglich einen Zusammenhang gäbe, müssten in den ersten Reihen des Vatikans und der Moscheen Elefanten sitzen.)

Darwin 1859

LITERATUR: The Origin of Species

Es gibt eine natürliche Selektion in der Lebensent-wicklung: Merkmale, die dem Überleben und der Fort-pflanzung am besten dienen, vermehren sich, es ist die Selektion: Diese konstante Verbesserung erlaubt es den Lebewesen, sich zu perfektionieren und der Um-welt anzupassen.

1866 erwies der Pfarrer Mendel Gott, seinem obersten Chef, einen Bärendienst: Er bewies durch Erbsen- und Bohnenzüchtungen in seinem Klostergarten die Regeln der einfachen Vererbung, die später durch die Genetik bestätigt wurden und die heute noch z.B. dem ABO-Blutgruppensystem des Menschen zu-grunde liegen.
Darwins Theorie der gemeinsamen Abstammung al-ler Lebensarten wurde durch die Vererbungslehre Mendels wissenschaftlich untermauert.

1953 stellten Crick und Watson das DNA-Molekül dar, die Chromosomen und deren Gene. Es war nun er-wiesen: Der Mensch stammt nicht nur vom Affen ab, sondern schlussendlich von der ersten Bakterie von vor 4560 Millionen Jahren. Alle Lebewesen auf Erden haben im Erbgut dieselben Nuklein- und Amino-säuren, alles Leben stammt von diesem Bakterium ab. Auf dem Planeten Erde wohnen, unseres heutigen Wissens nach, die einzigen Lebewesen des Uni-versums. Da es erdähnliche Planeten gibt, ist es denkbar, dass es ausserirdisches Leben gibt. Eine

Lebensform auf einem andern Planeten kann vom Menschen verschieden sein, sie ist es wahrscheinlich: verschieden. Denn allein die Erde beweist, dass zig Millionen Lebensarten, siehe Pflanzen und Tiere, möglich sind. (Es gibt 35000 verschiedene Arten von Stechmücken, z.B.) Die Entstehung der Arten durch Evolution ist wissenschaftlich erwiesen.

Die Kreationisten (Evangelisten)
halten an der biblischen Schöpfungsgeschichte fest: Gott hat vor 10000 Jahren, also etwas vor dem Auftauchen der ägyptischen Pharaonen, innert sechs Tagen Himmel und Erde erschaffen, die Pflanzen, die Tiere und die Menschen setzte er fixfertig hin; am siebten Tag ruhte er sich aus. Es ist der heutige Sonntag. Jesus, der diese Story in die Welt gesetzt hatte, konnte in der damaligen Zeit, als erst das Mittelmeergelände entdeckt war und nicht die Welt, mit dem besten Willen nicht wissen, dass das Universum tatsächlich einen Durchmesser von zehn Milliarden Lichtjahren hat. Er ist ein Lügner wider Willen, wenn er predigte, sein Vater habe die Welt in einer Woche geschaffen. Man kann ihm nicht mal böse sein dafür, Amerika wurde erst 1500 Jahre später entdeckt (wieder-), aber der Schaden, den er angerichtet hat, ist, wie es aussieht, nicht wiedergutzumachen; er hält an, Gott und der Schaden.

Aus heutiger Sicht sieht es wie Erpressung aus. Das Volk, zu dem Jesus sprach, war dumm. Mein Vater ist Gott und hat die Welt erschaffen. Er schickte mich, euch dies zu sagen: Wer mir folgt, wird selig. Wird vom Tode auferweckt und tritt in den Himmel ein. Wer lüstern war, dem Weibe nachging, wird wegen Todsünde vor Gottes Gericht gestellt und wird die Höllenqualen bei lebendigem Leib erleben auf alle Ewigkeit. Wer das heute noch glaubt, und das sind die meisten, ist immer noch dumm. Das ewige Höllenfeuer, der Teufel, lässt die Gläubigen heute noch spuren aus schierer Angst und Panik vor Verlassenheit. Wer ein bisschen nachdenkt, kommt drauf, dass Jesus Vorschlag nicht gütig ist, keine endlose Christenliebe: Das ewige Höllenfeuer wäre ein Völkermord sondergleichen, siehe Hitler, Mao, Stalin, Pol Pot und Konsorten.

Warum werden die Menschen von v. Chr. Geburt nicht erlöst? Die alten Griechen, die alten Chinesen, die Ägypter. Und vor 30 000 Jahren die Neandertaler, die waren auch schon Menschen. Die Dinosaurier, aus heute rechtlicher Sicht nichtmenschliche Persönlichkeiten, die Gott als Lebewesen erschaffen hatte, waren etwas wild geraten; Jesus hätte auf sie zugehen und besänftigend auf sie einwirken können. Die Dinosaurier waren natürlich eine enorme Fehlkonstruktion, völlig daneben, da sind sich heute alle Religionen einig. Gott sah das Missverständnis ein und rief die erratischen Modelle alle wieder in die Fabrik zurück. Da war der Mensch schon die bessere Variante. Nur ist der Mensch nicht so erschaffen worden, wie es im Buch Mormon steht, wie die Kirche Jesu Christi der Heiligen der Letzten Tage es glaubt.

Der Vatikan

Die Kirche wusste lange nichts vom Universum. Die Erde war der Mittelpunkt der von Gott geschaffenen Welt, die Sonne und die Sterne drehten um die Erde, es war gut zu sehen: Die Sonne ging im Osten auf und im Westen unter; Gott sass im Himmel über den Wolken und sah dem Menschen zu. 1509 stellte Kopernikus die gegenteilige Theorie auf vom Umlauf der Planeten um die Sonne. Ohne grosses Ärgernis des Papstes, dieser hatte nicht gecheckt, was Kopernikus da meinte. Dieser war katholischen Blutes, wollte Gottes Werk eigentlich nicht im Wege stehen, es sogar wissenschaftlich salonfähig machen, publizierte sein Hauptwerk offiziell erst dreissig Jahre später, vor seinem Tode; diesmal wieder ohne Proteste des Papstes, die bestehenden Wissenschaftler nahmen ihn nicht ernst. 1610 kam Galileo Galilei auf das Werk zurück, bestätigte die Realität, die Kopernikus nachgewiesen hatte. Diesmal fing der Papst Feuer, machte dem Galilei einen Inquisitionsprozess: Dieser musste schwören, die Erde sei der Mittelpunkt, um den sich die Sonne und die Sterne drehten. (Die Replik ist berühmt: Und sie dreht sich doch!)

1822 gab der Papst Pius VII. seine Imprimatur für ein Buch, welches das Weltensystem des Kopernikus (Erstpublikation 1509) für richtig hielt.

1979 (!) gab der Papst Joh. Paul II. der päpstlichen Akademie der Wissenschaften im Vatikan den Auftrag, den Fall Galileo Galilei zu untersuchen.

1992 (!) wird daraufhin Galileo Galilei von der Kirche offiziell rehabilitiert: Er habe recht gehabt, die Erde sei nicht der Mittelpunkt des Universums, die Sonne drehe sich in der Tat nicht um die Erde.

2008 distanzierte sich der Papst erneut zwar von einer Verurteilung Galileis, hielt jedoch fest, wenn schon die Erde nicht der Mittelpunkt sei und es fänden sich irgendwann Planeten im Universum, auf denen Menschen lebten, sei Christus auch für diese am Kreuz gestorben, genauso für sie gelte die Todsünde und das Letzte Gericht. (Es wird ein langer Weg sein, solche Planetarier zu taufen, denn nicht alle Planeten haben Wasser.) Für die Gläubigen gibt es nur sie und die Ungläubigen, nichts anderes; wobei sie, die Gläubigen, den ätzenden Nachteil der Kletten, des ewigen Missionierens haben. Was macht nun der, der nicht an Gott glaubt?

Gott oder Zufall

To be or not to be, that is the question. Shakespeare said. Die einen sind geboren, die anderen nicht. Warum hat es meinen Samenfaden hier und jetzt erwischt und nicht nicht? Wenn ich kein Fingerzeig Gottes bin, dann bin ich reiner Zufall. Gottgewollt oder zufällig am Leben? Nur wenige sind auserlesen. Den meisten ist das Leben nie passiert.

Ewig lebt, wer nie gelebt hat.
ERNST JANDL

Wir Menschen, die das Leben erwischt hat, so der Leser dieser Zeilen, nur wir wissen, dass es uns gibt und dass es ein Universum gibt, so sagt man, fragt man. Plötzlich diese Einsicht.

Das Bewusstsein

Das Universum selber, mit seinen ungeheuerlichen, schier unvorstellbaren Ausmassen an Ort (zehn Milliarden Lichtjahre im Durchmesser) und an Zeit (13,75 Milliarden Jahre alt), weiss nichts von seiner Existenz. Nur der Mensch kennt diese.

Ohne unser Bewusstsein wäre das Universum nicht nachweisbar. Das Universum selbst kann sich nicht nachweisen. (Ausser irgendwer auf einem anderen Planeten sei gescheit genug, sich hier dieselbe Frage zu stellen wie wir Menschen.)

Man könnte annehmen, das Bewusstsein sei auf einmal fixfertig erschienen, wie es Gott dem ersten Mann (dann dessen Frau, die er aus einer seiner Rippen erschaffen) in den Schoss gelegt hatte, nach seinem Ebenbild. Denn Gott brauchte einen Gesprächspartner, einen Zeugen mit Bewusstsein. Der seinen Gott erkenne, denn ohne Bewusstsein zwar ein Universum, aber kein Gott.

Das Bewusstsein und die Intelligenz lassen sich jedoch nicht genau definieren und zueinander abgrenzen; es hängt von der Abmachung der Diskutanten ab. Das Bewusstsein ist ja nicht nur das Ich-denke-dass-ich-denke. Wenn ich auf einen Wurm trete, zieht dieser das betroffene Ende oder das andere ein, das ist kein grosses Bewusstsein, da er hirnlos, aber ein kleines ist es schon, immerhin; ein Stein oder ein Berg kann solches nicht. Aber die Pflanze, auch hirnlos, lebt bewusst: Sie strebt nach dem Sonnenlicht zum Überleben, kann Fliegen fangen, piksen, ätzen und töten zum Selbstschutz. Die Zimmerpflanze stirbt, wenn ich nicht mit ihr rede: dies ist der Anfang der Psyche.

Es gibt ein Bewusstsein in Stufen, das sich schrittweise entwickelt hat, evolutionär wie die darwinsche Welt der Arten. Wenn das menschliche Erbgut nachweislich von einem einfachen Einzeller, einer Bakterie, abstammt, dürfen wir annehmen, unser jetziges modernes Bewusstsein sei ebenso das Resultat einer Steigerung: Vom Gas zum Molekül über die DNA-Intelligenz zum Hirndenken. Affen, Elefanten, Krähen und Schweine erkennen sich im Spiegel, sie wissen, wer sie sind, frei nach Darwin: nach vor, nach vorn und überleben. Ein Salamander (laut N. Shubin, dem Entdecker des Tiktaalik), die Pop-Ikone der Lebewesen, flüchtete, wenn er sich bedroht fühlte; oder auch nicht, manchmal stellte er sich tot. Flüchten oder nicht, das war für ihn die Überlebensfrage... vor 140 Millionen Jahren.

Die Bakterien

In unserer Mundhöhle gibt es 10 hoch 10 Millionen davon. Die Bakterien brachten die Tuberkulose, die Pest und die Cholera, sie töteten die halbe damalige Welt. Penicillin, das erste Antibiotikum, war der Bakterien Tod. Die Bakterien programmierten dann um: Sie sind längst schon penicillinresistent. Das Bakterienbewusstsein.

Die Viren

sind die kleinsten Lebewesen auf Erden, noch kleiner als die Bakterien. Sie sind sich bewusst, eigens nicht lebensfähig zu sein. Sie benötigen ein Wirtshaus, in dem sie sozusagen ein Hotelzimmer beziehen, sich dort einrichten und über eine Art WLAN-Internetzugang schlussendlich das Kommando über das ganze Hotel übernehmen. Sie haben keinen eigenen Stoffwechsel, sie leben von den Abfällen des hoteleigenen Restaurants: nur Schmarotzer! Schmuggeln sich unerkannt, getarnt als gute Onkels oder in den Kleidern der Serviertöchter, in die Gästezimmer ein. Kaum eingenistet, töten sie, massenhaft. Hier eine unvollständige Liste der Angreiferarmeen, alles Viren!

Ebola
Aids
Tollwut
Diverse Krebsarten
Hepatitis A, B, C, D, E und F
Grippe
Gelbfieber.
Masern, Mumps und Röteln.
Pocken und Windpocken
Polio
Zeckenfieber
Herpes

Die Viren greifen in Verbänden an, entwickeln Angriffs- und Verteidigungsstrategien. Sie sind zurzeit den Molekularbiologen am Davonlaufen.

Intelligenzmässig sind sie uns, sogar den Nobelpreisträgern der Medizin und Biologie, um etliches voraus. Aids hatte sich bereits epidemisch verbreitet, bevor die Biologen das HIV-Virus überhaupt identifiziert hatten. Der virale Angriff auf die Welt ist so imposant und furchterregend – allein das Spanische Grippevirus tötete zehn Millionen Menschen –, dass die Menschheit ums Überleben bangen muss. Das Vogelvirus, nur auf Tiere übertragbar, liegt (2013) in einem holländischen Forschungslabor vor, hochgezüchtet auf ein in der Natur nicht existierendes Exemplar, das auf Menschen übertragbar ist. Impfung nicht vorhanden. Das Ende der Menschheit?
Wohl kaum. Käme einem kollektiven Selbstmord gleich, die Viren brauchen den Menschen absolut; das Virenbewusstsein der Evolution. Bei Viruspandemien überleben immer ca. 20 % der Wirtsträger, unsere Sicherheit, wir sind nämlich nötig für den Fortbestand der Viren. Das Virus ist uns eindeutig überlegen. Passen wir uns an, wäre gescheiter. Die Affen tun dies bereits: ein HIV-infizierter Affe ist nicht krank und stirbt nicht daran.

Der Computer
Die Bakterien und Viren besitzen die DNA. Tiere und Menschen haben Hirn. Und der Computer?
Google: Meinten Sie BERG, als sie BERG eingaben?

Wenn ja, hier in 0,000 012 634 Sekunden 2.185.365,213 Berge.

Nur eine Rechenmaschine? Am Anfang sah das so aus. Aber dann überstürzte sich das Verfahren. Wurde Kasparow als amtierender Weltmeister von einer Rechenmaschine geschlagen? Kasparow ärgerte sich, er habe die Spielanlagen des Deep Horizon Computer nicht studieren können; er gab das Schachspielen auf. Die Computer sind allen Schachmeistern heute dermassen überlegen, dass sie in der ELO-Rangliste des Weltschachs nicht angeführt werden. Sie sind weit mehr als eine Rechenmaschine. Sie reden.

– Grüss Gott, Herr Carlson. Haben Sie gut geschlafen? Wie geht es Ihren Eltern? Muss ich fragen, Sie sind ja erst 16, Ihre Eltern wollen Sie pushen; mit Recht, Sie haben Anlagen wie kein anderes Kind; Sie sind im Gange, es Garry zu zeigen. Wie wärs mit einer a3-Eröffnung!? Hat noch nie jemand probiert; mein Springer schlägt im 16. Zug f5, ich werde den Turm h5 opfern und Sie mit Dame d5 schachmatt stellen. Auf Wiedersehn, Herr Carlson. Grüssen Sie mir Norwegen, ein schönes Land voller Fjorde, und kommen Sie gut nach Hause.

Carlson klappte den plappernden Computer zu und nahm ihn mit nach Norwegen. Die Schachcomputer haben keine Beine, sie hängen sich den Grossmeistern an, wie die Viren es tun, befallen, besetzen, kommandieren und reisen um die Welt.

Die ETH Lausanne hat Anfang 2013 von der EU den Zuschlag für ein Milliardenprojekt zur Simulation des

Gehirns erhalten; es geht ums Human Brain Project, 80 Forschungseinrichtungen aus 20 Ländern sind beteiligt. Der Chef des Ganzen, Prof. Henry Markram in der NZZ:

– Wenn wir die biologischen Eigenschaften eines Neurons mathematisch so genau wie möglich erfassen, dann verhält sich die Simulation wie eine echte Nervenzelle. Natürlich besteht unser Computermodell nicht aus echten Nervenzellen, sondern aus mathematischen Simulationen – aus Elektronen, die sich bewegen. Aber wenn wir die biologischen Eigenschaften eines Neurons mathematisch so genau wie möglich erfassen, dann verhält sich die Simulation wie eine echte Nervenzelle.

Computer ist Hirn und umgekehrt. Es werden neuerdings Computerfestplatten im menschlichen DNA gelagert; der ganze Computerstau der Welt in einem Viertelliter DNA. Na also! Es geht doch!
Obzwar nicht lange! Es kommt was Wesentliches dazu: Das Ganze steht nicht still und alles bewegt sich nach vorn und nach allen Seiten.

Die Zeit

Von der Zeit lässt sich nicht viel sagen, ausser: Seit dem Big Bang vor 13,7 Milliarden Jahren geht sie immer vorwärts. Vorher gab es sie nicht.

LITERATUR: Albert Einstein. Stephen W. Hawking. Henri Poincaré. E. Hubble. Gott. Wikipedia. Isaac Newton. Max Plank. Marcel Proust.

Ich sitze in einem Land in einer Stadt in einem Haus in einem Zimmer auf einem Stuhl an einem Tisch und schreibe diesen Satz ich sitze hier auf diesem Stuhl an diesem Tisch in dieser Stadt in diesem Land. Dieser Satz wird morgen noch hier auf dem Papier stehen, und, sollte ich ihn lesen, seine Gültigkeit haben.

Dass ich ihn hier und jetzt schreibe, ist natürlich sofort Vergangenheit; ich kann nur vergangen denken.

Der Zeitmoment ist nicht fassbar, es ist zum Verrücktwerden, es ist, es ist wie, wie wenn man einem Kind hinhält und immer wegzieht, wenn es zugreifen will, den Ballon immer wegzieht, ohne dass jemand ihn je erhaschen wird.

Die Zeit ist immer die sogenannt verlorene Zeit, weil sie immer vorwärtsgeht und nie zurückkommen kann.

Ich stehe auf und gehe hinaus vor die Tür ich trage die Zeit in mir ich weiss nicht wie spät es ist die Autos fahren die Fussgänger bewegen sich die Wolken stehen hoch die Kirchturmuhr überm Platz zeigt 16 Uhr die groben Zeiger so ungefähr 16 Uhr wie komme ich in diese Zeit hinein? Gar nicht, ich habe die Zeit in mir. Alle, die da herumlaufen, haben die Zeit in sich. Die

Zeit allein gibt es nicht; ich kann nicht in sie hineintreten, hineintauchen wie in ein Schwimmbecken.

Herr Schmid ist tot. Die Familie und ein paar Freunde stehen um seinen Sarg. Tränen. Er hat uns verlassen. So sieht es aus. So scheint es.

Herr Schmid hat die Zeit jedoch nicht verlassen. Auch die toten Körper existieren weiter, man kann nicht sagen, sie seien nicht mehr da, sie sind voll da, man muss sie herumtragen, da sie nicht mehr selber herumlaufen, aber ihr physisches Dasein existiert weiter. Herr Schmid erinnert sich nicht mehr an sein Leben, das ist seine Sache, er hat ein psychisches Problem. Sein Körper ist aber noch voller Zeit und wird, wenn er nicht eingeäschert wird, noch in fünfhundert Jahren vorhanden sein (wie heute das Skelett Richard III. da ist, es (er) wurde unter einem Parkplatz in Leicester gefunden, dort, wo er begraben wurde): vorhanden und die Zeit in sich. Die Zeit hat nichts mit den Lebenden zu tun, auch Tote altern, halt langsamer. Manche Bäume werden noch älter. Die Steine sowieso.

Es gibt keine reale Vergangenheit: Sokrates, Kleopatra, Antonius, die Gallier, Richard III, die achtzehn Ludwig und alle, alle andern Leute seither und vorher sind vorhanden. So Lucy aus Äthiopien, 3,2 Millionen Jahre alt, 105 cm gross, Skelett erhalten. Wer kann behaupten, Lucy sei nicht mehr da?!

Die Zukunft vielmehr ist nicht da. Da die Vergangenheit weg ist und die Zukunft aber noch nicht ist, kann man sagen: Wir leben im Moment.

Im Hier und Jetzt. Absolut. Was war, ist nicht mehr

zu ändern, bestimmt unser Jetzt, immer, und unsere Persönlichkeit, wenn man das überhaupt so nennen mag, das mit der Persönlichkeit. Alle Richter dieser Welt richten nach diesen Regeln der Präsenz, der Einmaligkeit des Moments und seiner Absolutheit.

Sie fragen den Angeklagten, ob er am Tatort gewesen sei oder nicht; nur sein Dasein damals ist Beweis. Wenn er nachweislich woanders war, kann er nicht der Mörder gewesen sein und wird auch nicht dessen beschuldigt, denn er kann nicht zur gleichen Zeit an verschiedenem Ort gewesen sein.

Das Vergangene lässt sich nicht ändern, das ist der Fakt: Die Zeit kann nicht rückwärts; der Zeitpfeil geht nach vorn, das muss man schon so sagen.

Es gibt verschiedene Zeiten: Meine eigene Zeit in mir und die draussen, die Weltzeit. Die Weltzeit ist die Uhrzeit, nach der sich die Welt richtet, damit man weiss, wann die Flugzeuge aus Japan und Australien in Paris ankommen, da gibt's schon mal Unterschiede von zehn Stunden.
Die Uhrzeit ist eine Abmachung, sie entspricht der Geschwindigkeit, mit der die Galaxien ins Universum hinausdriften. Sie wird am genauesten mit Uhren und der Atomuhr im schweizerischen Neuchâtel gemessen.
Die Weltzeit hängt demnach vom Vorhandensein der Galaxien ab. Gibt es einmal keine Galaxien mehr, wird auch die Zeit nicht mehr stimmen, d. h. zu Ende sein. Diese Komplexität der Dinge tut weh, die Astrophysiker

weltweit sind sich jedoch über den Wahrheitsgehalt einig, die Umstände sind schuld.

Die Weltzeit, unsere Uhrzeit, ist praktisch fürs Alltägliche: die Flugpläne, den Zugfahrplan, den Beginn der Konferenzen, die Einhaltung der Arbeitszeit und für die Terminplanung auch in ferner Zukunft. Am 14.12.2084 z. B. ist totale Sonnenfinsternis um 13.15 bis 14.05 Uhr über Chile/Argentinien.

Diese Zeiteinteilung ist praktisch, aber nicht absolut, denn sie stimmt nicht ganz, sie ist relativ. 1905 veröffentlichte ein Beamter in dritter Position, Patentamt Bern Schweiz, einen Aufsatz, in dem er bewies, es gebe die absolute Zeit nicht. Zwei Wochen später publizierte der französische Mathematiker Henri Poincaré, unabhängig vom Schweizer Autor, seine Arbeit über die Relativität der Zeit.
Der Beamte des Berner Patentamtes hiess Albert Einstein. Nach seiner allgemeinen Relativitätstheorie verstreicht die Zeit in der Nähe eines massiven Körpers, der Erde z. B., langsamer. Jemand der aus grosser Höhe auf die Erde hinabschaut, hat den Eindruck, da unten passierten die Ereignisse langsamer.

1962: Zwei Uhren wurden oben und unten an einen Wasserturm angebracht: Die Uhr am Fusse des Turms ging langsamer als die höher platzierte. Die unterschiedlich schnelle allgemeine Zeit in verschiedenen Höhen (über der Erde) zwingt die von Satelliten gesteuerten Navigationssysteme (GPS), Positionskorrekturen vorzunehmen. Denn bei der Landung von Flugzeugen würden sich bei der Positionsberechnung ohne Korrektur Differenzen von mehreren Kilometern ergeben, die Flugzeuge würden in den Maisfeldern landen. In Einsteins Relativitätstheorie gibt es keine absolute Zeit. Ich kann nicht wie vorhin auf den Platz treten, auf der Kirchturmuhr die Uhranzeige sehen und mit allen in die 16-Uhr-Zeit eintreten, wie käme ich denn hinein in diese allgemeine Uhrzeit?

Einsteins Geschichte: Ein Zwilling lebt auf Bergeshöhe. Der andere am Meeresrand. Beide altern seiner Berechnung nach verschieden schnell. Der Altersunterschied ist jedoch bei unserer kurzen Lebensdauer so gering, dass er uns nicht auffällt. Wenn einer der Zwillinge jedoch eine längere Reise in einem Raumschiff unternähme, das sich mit Lichtgeschwindigkeit hinausbewegte, so wäre er bei seiner Rückkehr aus dem All um Jahre jünger als der zurückgebliebene Zwilling.

Newton: – *Die Zeit ist da, und sie tickt gleichmässig von Moment zu Moment.* Newton, womöglich der grösste Wissenschaftler, damals Philosoph genannt, der grösste aller Zeiten, lag diesmal, das einzige Mal, wahrscheinlich wegen biblischer Treuherzigkeit, total falsch: Geb. 1642, konnte er Albert Einstein, der den absoluten Raum und die absolute Zeit mit seiner Relativitätstheorie zunichtemachte, noch nicht kennen. Die Zeit allein für sich gibt es nicht.

Der dreidimensionale Raum (so der Mensch, der Stuhl, der Tisch, das Zimmer) ist immer an die Zeit gebunden – die vierte Dimension –, benötigt immer die Zeit zum Vorwärtskommen, die Masse kann nicht anders existieren. Der verstorbene Herr Schmid macht jetzt langsamer als vorher; die Toten altern langsamer als die Lebenden, aber sie altern immer noch schneller als ihr steinernes Grabmal. Es gibt eine Hierarchie des Alterns, eine Schnelligkeit innerhalb des Daseins. Die Progerie ist eine Erbkrankheit bei Kindern mit überschnellem Altern, zehnmal schneller als üblich, diese Kinder sterben wie Greise aussehend im Alter von höchstens sechzehn Jahren.

Das Jetzt

Ich möchte auf das Jetzt zurück, auf den Zeitmoment, in dem wir leben, aus dem wir körperlich nicht herauskönnen.

Diese Zeit in uns ist eigentlich zu kurz, um von uns wahrgenommen zu werden. Wie das Klicken des Fotoapparates, aber noch viel kürzer.

Kaum erwähnt man das Jetzt, redet man bereits von Vergangenem; das Jetzt ist eigentlich immer schon Erinnerung. Der kurze Moment zwischen Vergangenem und Zukünftigem ist ein gefühlter Trugschluss (wissenschaftlich gesehen drei Sekunden), mit dem wir gut leben können, obschon die Realität anders ist. Wie soll nämlich unsere reale Welt, unser Körper, die Berge und der ganze Sternenhimmel – und der ist enorm grösser, als Jesus sich ihn vorstellte – in die nächste Sekunde hineingeraten, wie kriegen wir das Universum immer wieder in die nächste Zeit hineingequetscht? In die nächste Sekunde! Das geht ja gar nicht!

Sinn macht nur Folgendes: Das Universum ist da, es ist die Gegenwart selber, alles, was ist, ist immer jetzt.

Die Zeit ist in der Masse drin enthalten, wie Einstein es vorrechnete. Die Zeit für sich allein genommen gibt es nicht.

Unser Körper hat die Zeit in sich, er muss also nicht in die nächste Zeit eintreten. Der schöne Augenblick, in dem wir dieses Vorwärtsdrängen bis zum Tod eine Zeitlang vergessen, erinnert uns an diese Ewigkeit, die ein Stillhalten ist.

Unser persönlicher Moment ist unsere Gegenwart ist unsere Ewigkeit eine Täuschung aber eine schöne denn die Ewigkeit stellen wir uns so vor es sind jedoch nur ein paar Sekunden bis zu ein paar Stunden oder einen Abend lang dass wir die Zeit vergessen machen können sei es nur durch Yoga-Meditation oder beim Italiener nebenan mit Pasta und ein paar Gläsern Rotwein ein paar Gläsern Rotwein die Trance das Ewige vortäuschend: Denn, so sagt man, die Welt sei in der Tat kein Ruhezustand, sondern ein Fortschreiten der Zersetzung, der Unordnung. Unserem Körper stellt sich nämlich unaufhaltsam das Problem der Verdauung; McDonalds macht damit sein Geld. Das Ende unserer Zukunft ist unser eigenes Fleisch, der Tod hängt nicht an unserer Vorstellung der Transzendenz, sondern klebt an unserem eingegossenen Körper, dessen Transzendenz null ist.

Die besten Steine können nicht zueinanderfinden. Die Masse stösst die Masse ab und es tönt wie zwei Nussschalen, die man aneinanderklopft.

Die Undurchdringlichkeit der Körper ist tragisch und macht uns entsprechend existentiell zu schaffen, deprimiert. Alle Liebenden leiden am eigenen Körper: *Sich Haut an Haut berührend umschlingen würgen*

ohne wahrhaft einzudringen ist die Tragik der amants
(franz.). Wer wahrhaft tiefer dringen will, muss die
Geliebte aufschlitzen; oder essen, wie es sich die
wahren Verliebten zuflüstern und es gelegentlich auch
machen. Der Mensch, eingesperrt in seiner Nuss-
schale, auf Gedeih und Verderb sich selber, seinem
Körper ausgeliefert, wandelt eine Zeitlang in dieser
Welt, und das wars dann auch schon.

Eine Lebenszeit, die angesichts des Universums sehr
kurz bemessen ist, eigentlich blitzschnell vergeht und
davon ist, ein Wimpernschlag.

Alle Lebewesen, darunter die mächtigsten, sind den
strikten Regeln dieses Seins unterworfen: nach dem
Leben der Tod. Die Würmer der Zeit nagen. Man kann
schier zuschauen, wie die eigenen Freunde schnell
schwinden, als reglos gewordene, ausrangierte Masse
in sauberen weissen Laken auf dem Totenbett her-
und hingerichtet werden. Die Lichter gehen aus, weil
das Gehirn den Hauptschalter ausgeschaltet hat und
keinen Strom mehr hergibt. Louis XIV., der Sonnen-
könig, gab auf dem Totenbett einen grossen Rülpser
von sich und hat dann nichts mehr gesagt.

Goethe sagte:
– *Mehr Licht.* Zeugen behaupten, gehört zu haben:
– *Mehr nicht.*

Der Schein

Das Denken bringt eine andere Welt ins Spiel, wir stellen uns die Realität bildlich vor in unserem Kopf und können darin herumspringen hin und her, sogar in die Zukunft hinein.

Zur Raumzeit in vier Dimensionen kommt eine fünfte Dimension hinzu: die geistige Vorstellung von der Realität, sie ist gegenstandlos und, da nicht an die Materie gebunden, zeitlos.

Wir können in die Höhe steigen, bis in die Sterne, durch die Galaxien hindurch, bewegen uns schneller als das Licht, nach vor und auch noch zurück.

Wir holen die Vergangenheit hervor, schauen in die Zukunft hinein; wir können alles mit der Welt. Es gibt jedoch ein Problem: Die Welt, an die wir uns erinnern, die Vergangenheit, die wir erinnern, gab es so nicht. Wir leben in zwei Welten. Wir leben mit dem Fuss auf dem Boden, stolpern über einen Stein: Das ist die erste Welt. Die eine, die da ist. Wir leben vor allem aber, und dies gleichzeitig, in einer zweiten vorgestellten Welt. Wir stellen uns nicht nur das Vergangene und das Zukünftige vor, sondern auch noch die Gegenwart. Alles, was wir um uns sehen, ist das, was wir sehen, sonst nichts. Wir sehen immer nur das Abbild der Realität. Eine Illusion.

Wie der Zug in Paris ins Café raste

Die Welt, in der wir leben, ist für uns reine Vorstellung, Täuschung inbegriffen. Nur die Realität ist Wahrheit: Ein Berg ist immer ein Berg und nichts anderes. Was wir aber sehen, ist nur unsere Vorstellung des

Berges, was jedoch kein Beweis für seine Existenz ist. Der 28. Dezember 1895 gilt als die Geburtsstunde des Kinos. Die aus Lyon stammenden Frères Lumière zeigten im Cinématographe Lumière im Keller eines Pariser Grand Cafés neben der Opéra den fünfzig Sekunden dauernden Stummfilm:

Einfahrt des Zuges in den Bahnhof von La Ciotat. Als die dampfende Lokomotive auf die Zuschauer zuraste, quasi in den Saal hinein, brach Panik aus, und alle versuchten, schreiend, den Saal zu verlassen. Real war die Lokomotive keine Lokomotive, sondern eine weisse aufgespannte Leinwand mit Bildprojektion darauf. Was wir uns im Kopf vorstellen, ist kein Kriterium für Wahrheit.

So Gott, wie wir ihn uns vorstellen. Es genügt nicht, wenn Milliarden Menschen sich Gott vorstellen, eine gebetsmühlenartige Dauerbeschwörung seines Namens ist kein Beweis seiner Existenz. Die grosse Schwäche Gottes ist, dass er selber uns den Beweis seiner Existenz nicht liefert, sondern schuldet. Wir kennen ihn nur vom Hörensagen der Propheten und der Evangelisten. Wem das genügt, ist nicht wissend, aber gläubig. Glauben darf ein jeder, was er will, nur soll der Gläubige seinen Glauben brav für sich behalten, nicht andere damit belästigen. Nicht missionieren, nicht zwängen, nicht foltern, nicht töten.

Wie der Berg zum Menschen kommt
Die Welt ist für uns immer nur Vorstellung, nicht Realität. Wie kommt der Berg, vor dem ich stehe, denn in meinen Kopf hinein??!!

Der Berg wird als Bild in unser Auge hineinprojiziert, System Fotoapparat. Durch die Pupille hindurch (das ist das schwarze Loch in der Mitte der Iris, das sich je nach Lichtbedarf wie eine Blende erweitert oder verengt) wird der Berg, dank der Krümmung der Augenlinse, scharf auf den Augenhintergrund geworfen, einen Zentimeter gross. (Bei Unschärfe muss man Brillen tragen.) Der projizierte Berg wird regelrecht auf den Kopf gestellt mit allem Drum und Dran, ab nun geht der Spuk los und der Anspruch auf die Wahrheit total verloren. Das projizierte Bild eines Berges ist das Bild eines Berges oder des Fotos eines Berges oder des Fotos eines Fotos eines Berges, welches von den Nervenenden, den Synapsen, digitalisiert in eine Hirnregion geschickt wird, das Sehzentrum, das Pentagon im Stammhirn: Dieses verwertet das Bild, ordnet es ein in vergessliche Ware, die direkt oder nach kurzer Zeit gelöscht wird, oder schickt es, wenn relevant, auf die Festplatte für die längere Erinnerung.

Zur Schonung unserer Bitekapazität merken wir uns nicht den ganzen Vorgang, eine ganztägige Bergwanderung, in real time motion, sondern bewahren uns nur ein paar aussagekräftige Bilder auf als Merkmal für eine Erinnerung.

Ich erinnere mich haargenau an den Abschied von meinem Freund Hans Schärer, Maler, der 1997 gestorben ist. Was ich sonst noch in jenem Jahr gemacht habe, ob ich Skifahren war oder sonst was gemacht habe, weiss ich nicht.

Wir selektionieren. Die Vorstellung im Hirnzentrum ist jedoch nicht einfach das Bild der Lokomotive im Stummfilm: Die Gegenwart ist dreidimensional, farbig, laut, riecht und stinkt, ist bitter, süss, kalt und warm, zieht sich mehr und weniger schnell in die Länge. Wir sehen, hören, riechen, fühlen, schmecken. Unser Kopf (mit Augen, Nase, Ohren und Hautsensoren) nimmt wie ein beweglicher Radar Schall- und Lichtwellen auf, diese schwingenden Sinneseindrücke wandern blitzschnell in diverse Hirnareale und werden kontinuierlich ausgewertet, so schnell wie Google Millionen Bergeinträge im kleinsten Bruchteil einer Sekunde schafft.

Wenn wir die Augen schliessen, können wir uns das Bergereignis dreidimensional, Tonfilm auf Deutsch oder Französisch, je nachdem in welcher Sprache wir träumen, auf unser inneres Auge werfen.

Wenn wir die Augen wieder öffnen, hat der Berg sein Aussehen schon verändert, vor allem wenn wir als Zugzuschauer an ihm vorbeifahren; wir schicken die neuen Bilder ins Hirn zur weiteren Einordnung, gesehen-gesehen-gesehen... so entsteht eine Bewegung. Auch unsere Erinnerungsbilder sind bewegt, lärmig, dreidimensional und riechen.

Das Erkennen

unserer Umwelt erscheint uns einfach, da automatisch; dieser alltägliche Vorgang geht so mühelos, dass wir uns seiner nicht bewusst sind.

Ein Alzheimerkranker, dessen Hardwareplatte im Hirn zerstört (kaputt) ist, erkennt nicht mehr, was er sieht und hört: Wir brauchen sie also, die Festplatte. Das Bewusstsein ist das Intelligenteste, was die Evolution hervorgebracht hat: Wir wissen, dass es uns gibt und noch das Universum dazu; dieses, soweit wir das heute überblicken, weiss aber immer noch nicht, dass es existiert. Muss man wissen, dass man existiert? Ja! Alles andere macht keinen Sinn. Das Universum existiert, das ist mal klar, aber an sich – wie die Philosophen sagen – macht es keinen Sinn, das Universum. Eine Dummheit 10 hoch 3, kann man sagen, die jedoch vertretbar ist, diese Dummheit, allein schon deswegen, dass es uns auf diesem Planeten gibt. Es genügt immerhin, wenn es zumindest einen Menschen gab, der rief: – *Ah! dieses Universum!!* Das Universum kriegt nur einen Sinn durch den, der es betrachtet. Unser Hirn ist, zurzeit, dem Computer eine Lage voraus: Wir vergessen und selektionieren und beurteilen; der sammelt alles, intelligent ist das aber noch nicht. Wir könnten das, was ein Computer kann:

Es gibt Amerikaner, bei denen der Baseballschläger nicht wie vorgesehen den Ball, sondern den Kopf des Fängers traf und ein Areal des Hirns, das unter der Baseballmütze steckte, zerschlug. Diese teils Hirnamputierten sagten ab dem Moment ganze Telefonbücher von New York bis Chicago auswendig auf und erinnerten sich, welches Wetter in Cincinatti 1955 am Vormittag war, wie jeder Computer bei der Nachfrage auf Google auch: Irrsinnig und belanglos; diese Hirnangeschlagenen konnten leider, wie der Computer, nichts beiseitestecken und litten daran. Es zählt die Selektion des Nützlichen.

Natürlich, wird man dem Computer einmal eingeben, etwas zu vergessen, dann zieht er dem Menschen nach. Er ist lernfähig, wenn wir es ihm eingeben: Im Schach opfert er bereits Figuren, d.h. er macht Blödsinn und täuscht Niederlagen vor, um anschliessend zu gewinnen. Wenn wir ihm das menschliche Funktionieren eingeben, läuft er als Blade Runner herum, und wir können nicht mehr unterscheiden, ob unser Gesprächspartner als Replikant programmiert ist, dessen Gefühle nur gespielt sind, oder ein Mensch ist, wie wir alle.

Wir haben Berge gesehen, tagelang, viele Berge, einfachheitshalber reduzieren wir die Details auf einfacheres Erinnern: Schablonen. Das Hirn hat recht, zu vereinfachen, zu reduzieren. Ein Dreieck ist ein Berg. Eine Pyramide. Die Dreifaltigkeit. Oder eine Nase. Wenn wir einen Berg sehen, also einen neuen Berg, erkennen wir das Ding sofort an seinem Dreieck. Diese Schablonen bewahrt das Hirn auf als einfache Gestalten in einer Speicherdiskette. Die Details sind dann Kleingedrucktes, welches nach der nötigen Zeit aus dem Hirnspeicher wegen unnötiger Speicherfüllung rausfliegt, sofort oder je nach unserem Bedarf erst später. Man erinnert sich manchmal nicht mehr an einen Ort, an dem man vorher schon war. Die groben Schablonen aber, die Gestalten, bleiben der Einfachheit wegen unser Leben lang gespeichert; wir unterscheiden blitzschnell, ohne unser Vorstellungsvermögen zu aktivieren, ob wir eine Wüste oder einen Berg oder das Meer vor uns haben.

Wir arbeiten zuerst mit einfachen Grundmustern.

Die Kinder fangen so mit Zeichnen an:

Ein Dreieck,

ein Kreis,

das Meer ein Strich,

die Sonne ein Kreis mit Strichen als Strahlen,

ein Gesicht: Punkt, Punkt, Strich, Strich,

ein Strichmännchen,

eine Wolke.

Diese Vereinfachung ist nicht sprachgebunden, sie ist universell. Eine als Dreieck gekennzeichnete Berg-skizze wird von jedem Menschen dieser Welt als Berg erkannt, obwohl es tausende Sprachen gibt und wir Europäer sprachlich einen Chinesen oder alle andern nicht verstehen und Dolmetscher brauchen. Die Gestalt eines Berges ist jedem Menschen jedoch bewusst und jeder weiss, was ein Berg ist, obwohl jeder Einzelne von uns früher und heute und irgendwo nur seinen Berg für sich gesehen hat; dementsprechend gibt es zurzeit bald acht Milliarden (die heutige Weltbevölkerung) Bergvorstellungen. Bei der Google-Eingabe BERG gibt es innert 0,22 Sek. 201 000 000 Eintragungen. Ein in-telligentes Hirn will sich das nicht merken. Ein Dreieck genügt.

Wie der Mensch zu Gott kommt

Wie mit dem Berg, so mit Gott. Es gibt gleich viel Gottesvorstellungen, wie es Gläubige gibt. (Der Koran tut gut daran, zu verbieten, sich von Allah ein Bild zu machen: Es gäbe zu viele Allahs.)

Ein Hemmschuh der Christen und Juden sind die Bil-der, die Götzenvorstellungen: Gottvater als Greis mit wallendem Bart. Jesus als Hippie, mit schulterlangem Haar, in sanfter Pose und ein Lamm im Arm. Der Heilige Geist als weisse Taube mit gespreizten Flügeln. Maria als Bhagwan in schwalbenblauer Burka. Nackte Puttenengel mit Flügelansätzen herumschwirrend in der Luft. Maria, Mutter Gottes, in blauem Nonnenkleid immer wieder erscheinend in dunklen Höhlen den Menschen, vor allem den Kindern, Banalitäten redend wie: *Frieden auf Erden*, das, was die Kinder im Religionsunterricht so gehört haben.

Gott wird schnell und einfach übertragen in Leerform, wie das Dreieck als Berg. Das Muster wird vom Gläubigen ausgefüllt, bemalt, so wie er es sich vorstellt (immerhin hat nie jemand das Original gesehen), demnach gibt es ebenso viele Vorstellungen von Gott, also Götter, wie Gläubige. Die Religionen pochen mit Recht nur auf den Glauben an Gott. Sogar Jesus hat nie behauptet, seinen Vater gesehen zu haben.

Die Irrungen und Wirrungen kommen daher, dass wir das Abstrakte nicht erfassen, ausser wir machten uns ein Bild davon. Wir können nicht denken, ohne uns ein Bild zu machen von dem, was wir denken. Für Gott genügt uns ein vages Bild wie Rauch, Strömung, Himmel, Nebel, Nacht.

Schein. Das Scheinen. Das Schwein. Das Sein.
Die ganze Welt ist Vorstellung im Kopf
sie ist das
was ich mir vorstelle
und nur das die Welt draussen ist da
für sich, ich habe keinen direkten Zugang zu ihr.

Nur über Sehen, Hören, Fühlen, Denken komme ich zur Welt; Irrungen sind demnach inbegriffen.

Ich sehe einen Berg und glaube, dass er die Welt ist, obwohl wir gesehen haben, dass wir einen Berg sehen können, den es in Wirklichkeit nicht gibt, und *natürlich umgekehrt*

und umgekehrt
oder auch nicht:

Täuschungen

sind es immer. Wir können uns das Reale immer
nur annähernd, auf alle Arten natürlich, künstlich
vorstellen, die Realität ist uns voraus und auch hinter
uns und natürlich, nicht künstlich, vorgegeben:
Morgen wird wie heute sein, so ungefähr.

Ein Berg im Kino ist kein Berg. Es ist eine Bildprojektion meiner Augen.
Magrittes Pfeife, Titel: – *Ceci n'est pas une pipe,*
ist nichts anderes als Öl auf Leinwand.
Dürers Hase ist kein Hase.
Es verhält sich so: Die Bilder der ersten Mondlandung,
weltweit vom US-Fernsehen übertragen, sind an sich
kein Beweis dafür, dass Armstrong auf dem Mond
gelandet und auf diesem rumgehüpft ist.
Die Amerikaner brauchten nach der Sputnik-Nieder-
lage unbedingt die Mondlandung vor den Russen. Es
gibt die Verschwörungstheorie, die Mondlandung sei
von Warner Brothers in der Wüste Nevada gedreht
worden. Der beste Beweis hierfür, ausser vielen
anderen, ist der Hundert-Millionen-Dollar-Check, der
von der CIA an Mr Steven Spielberg, Malibu Beach Ca-
lifornia, ausgestellt wurde; in den nun freigegebenen
Geheimakten des Pentagon, registriert unter: top se-
cret operation moonrace Spielberg Nr. 31-0678.
Mao Zedong war allen bekannt gewesen als Gut-
mensch. Er führte sein Volk in die kommunistische
Freiheit. Er verschmähte die bürgerlichen Strukturen;

der Protestgeneration der 60er und 70er Jahre war er Vorbild auf den Barrikaden. Sogar Sartre sah ihn als Jesus der Gewaltlosen und trug Maos Kleine Rote Bibel mit sich herum und verteilte gratis am Pariser Boulevard St.-Michel Maos Zeitung La Voix du Peuple, das Volk ist das Volk ist das Volk ist das.

Mao ist bei der Machtergreifung, beim Grossen Sprung nach vorn, durch die Arbeitslager und die Kulturrevolution hindurch für über siebzig Millionen Tote verantwortlich, ein grosser Völkermord sondergleichen (siehe Maos Biografie von Jung Chang). Mao war in hohem Masse egomanisch und menschenverachtend, er war der blutrünstigste Diktator aller Zeiten, er verschuldet mehr an Toten als der Erste und der Zweite Weltkrieg zusammen. Das heisst einfach, was wir hören, sehen, lesen oder glauben, Mao als Menschenfreund, muss nicht wahr sein, ist es auch nicht; der Mao der Hundert-Blumen-Bewegung war ein Menschentöter und sonst gar nichts.

Mao ist wieder im Kommen; Stalin auch: Der Glaube zählt, nicht die Wahrheit. Die meisten Leute glauben, Papst Karl Wojtyla und Elvis Presley seien bereits gestorben. Was viele glauben, wird dadurch nicht wahrer. Fakt sind die existierenden Fotos, die Papst Wojtyla mit Elvis Presley in einer 4-Zimmer-Wohnung in Krakau, Polen, zeigen. Man sieht beide, wie sie die Jalousieblätter auseinanderhalten und zwischen den Lamellen hindurch auf den Krakauer Hauptplatz hinunterschauen, aufs Volk. Wie man weiss, sind beide Persönlichkeiten vor ihrer grossen Popularität geflüchtet, um sich zu verinnerlichen. Da die Krakauer Wohnung klein ist, schlafen sie zusammen in einem

Doppelbett; beide sind heiliggesprochen worden, weil sie nie Sex miteinander hatten (dies ist immer noch der Hauptgrund, heiliggesprochen zu werden).

Bilder gelten als Beweis. Vor Gericht nicht.
Aber sonst schon.

Renoirs Blumenmädchen in der Blumenwiese.

Beim Sommerwandern sahen wir in der Ferne mitten im Kornblumenfeld eine Frau stehen einen gelben offenen Sonnenschirm über den Kopf haltend heller Sommerrock und roter Seidenschal.

– *Erinnert dich diese anmutige Frau im flirrenden Licht nicht an Renoirs Spaziergängerin mit gelbem Schirm im Kornblumenfeld?*, fragte ich.
– *Vielleicht ist sie's, sagte mein Wandergeselle, so sah sie aus. Beim Nähertreten änderte sich jedoch das Bild unserer Wahrnehmung.*
– *Es ist keine Frau, glaube ich*, sagte ich.
– *Was sollte es denn sein?* sagte er.

Wir versuchten schärfer hinzuschauen (Blickfokussierung), probierten andere Vorstellungsvarianten aus, die auf das Erscheinungsbild passen könnten.

– *Es ist kein Mensch, es ist womöglich eine ...*
Vogelscheuche!
– *Glaubst du?*
– *Du hast Recht!*

Als wir das Schema Vogelscheuche ins Hirn geschickt hatten, merkten wir beim Näherkommen, dass dieses neue Muster zunehmend mit der Realität übereinstimmte, dass es sich in der Tat um eine Vogelscheuche handelte.

Fazit: Wir sehen die Realität anders als sie ist die Realität. Und anders als ein anderer sie sieht.

Der Zauberer lässt sein Medium durch den Raum fliegen wir sehen den Körper im Raum schweben der Magier führt ihn sogar durch einen Hula-Hoop-Reifen hindurch er wirft ein grosses Tischtuch übers Ganze lässt diesen Sarg steigen reisst das Tuch zu Boden die Frau ist verschwunden nichts ist nicht mehr da eine weisse Taube fliegt davon es war der heilige Geist.

Jesus ging übers Wasser. Er stand von den Toten auf. Er ist vor den Augen seiner Jünger in den Himmel gefahren.

Der Erzengel Gabriel erschien Mohammed nachts und diktierte ihm den Koran, da dieser Analphabet war und nicht schreiben konnte.

In einem Wolkengebilde sehen wir ein springendes Pferd. Wenn wir noch einmal genau hinschauen, ist es verschwunden. Es war ein fliehendes Pferd. Renoir malte mit Vorliebe in der Natur, also möglichst in realen Zuständen, er konnte nichts mit fliehenden Pferden noch mit animierten Damen anfangen, die fürs Bild nicht acht Stunden stehen bleiben wollten. In der Tat: Es ist fotografisch belegt, dass Renoir sich eine Vogelscheuche als Blumenmädchen aufgestellt hatte. So kam er möglichst nah ran an die Realität. Witzig ist, dass wir zwei Wanderer heute noch auf Renoirs Vogelscheuchentrick reingefallen waren.

Er hatte eine Vogelscheuche abgemalt, wir erkannten von weitem eine anmutige Dame im Kornfeld; die Dame war jedoch nur eine Vogelscheuche aus Holz und Stoff gewesen, so wie sich Renoir sie anfangs hingestellt hatte; der Betrachter und Kunstliebhaber sieht im Louvre eine Dame der Grossbourgeoisie im sommerlichen Kornfeld wandelnd, obwohl sie weder Dame noch Vogelscheuche ist, sondern, das muss hier gesagt sein, nur Öl auf Leinwand gepinselt: Die Täuschungen nehmen kein Ende. Alles ist Illusion.

Der Fluss ist ein Fluss ist ein Fluss ein Fluss

Das was fliesst lässt sich nicht fassen.
Wie die Welt.
Du badest nie im selben Fluss.
HERAKLIT

Wir wissen nicht genau, was dieser altgriechische Philosoph meinte, denn es ist der einzige Satz aus seinem scheints grossen, aber verschollenen Œuvre, der überliefert ist. Nicht schlecht jedoch und genügend, der Satz; die meisten Schriftsteller schreiben eh zu viel, zu viele Seiten, zu viele Bücher. Schreiben ist immer hinters Licht Führen. Die Schwere der Literatur wird gerne an der Anzahl der Publikationen gemessen, dabei genügen ein paar gute Sätze:
To be or not to be. All the world's a stage, and all the men and women merely players; They have their exits and there entrances, And one man in his time plays many parts.

Der Fluss, an dem Heraklit damals in Griechenland sass, ist da (auch heute noch), aber in seiner Wirklichkeit, die nicht zu fassen ist. Der Fluss ist der Schein par excellence.

Es sind tanzende Wellen
glitzernd
tausend blendende Facetten
blitzend und blinkend
vibrierend im Laufe der Zeit.

So sehe ich den Fluss. Niemand sieht ihn so wie ich. Aus einem anderen Winkel betrachtet ist er mattgrau unbewegt. Die Fische mittendrunter sehen ihn wiederum anders. Nachts ist der Fluss schwarz und tagsüber glitzert er. Das Wasser ist weder dunkel noch hell, wir sehen es nur so; das Wasser ist durchsichtig, ist durchleuchtet, es selbst hat keine eigene Farbe.

Die reale Welt ist eine andere Welt

Die reale Welt ist heftig; wenn wir mit ihr in Kontakt kommen, kriegen wir blaue Flecken, blutige Finger. Wenn wir fest anstossen (auf Ski oder Velo, im Auto oder mit dem Flugzeug), sind wir bewusstlos geschlagen oder auf der Stelle tot. Die Welt, wie wir sie sehen, ist sanft, sie ist unsere Vorstellung, diese entspricht den realen Verhältnissen jedoch nur ansatzweise. Unsere innere Welt, die gefühlvolle, die kunstvolle, genügte uns zum Leben, da wir jedoch in der Härte der Realität eingebettet sind, müssen wir in Betracht ziehen: Beim Autofahren sollten wir z.B. in keinen Baum fahren; psychologisch gesehen ist das ungünstig. Wir sollten auch keinen tiefen Fluss betreten, wenn wir nicht schwimmen können. Das wahre Problem ist: Unsere innere Welt, die, in der wir leben, ist unser eigentliches Leben, wir kennen kein anderes. In dem Sinn hat ein Alzheimer, der sich selbst sich vorstellen nicht mehr in der Lage ist, kein eigentliches Leben mehr.

Die Sache mit der Persönlichkeit

Die Persönlichkeit ist nicht die/der, den/die wir im Spiegel sehen; sonst hätte jeder Alzheimerkranke, der sich im Spiegel sieht, immer noch eine Persönlichkeit, was nicht der Fall ist; ihm fehlt die Persönlichkeit, er sieht eine fremde, nichtssagende Gestalt, mit der er sich nicht identifiziert.

Die Persönlichkeit ist nicht unser Körper, das Äussere, das wir im Spiegel sehen, sie ist in uns drinnen, sie ist das, was wir uns vormachen. Sie ist Schein, wie der Heiligenschein, den wir uns vorstellen müssen, da es ihn real nicht gibt.

Da unsere Vorstellung sich ändern kann, dies auch passiert, so muss man sagen, dass die sogenannte Persönlichkeit nicht fix, sondern labil ist und bröckelt, wenn man an ihr nicht laufend restauriert. Wenn ich mich der Situation anpasse und verschieden denke, mich unterordne eigentlich, etwas einsehe und mich verbessere demnach, laufe ich unter labiler und multipler Persönlichkeit, laufe unter schwach. Das ist die Misere. Beim Nachruf der grossen Toten sagt man doch: Er war eine Persönlichkeit. Er war nicht zwie- oder mehrgespalten. Er war ein Mann, wie man gerne sagt. Er war wie eine Frau, das macht sich schlechter.

Eine Frau kann jedoch ihren Mann stehen. Wir haben in der Tat tausend Persönlichkeiten in uns, offenbar muss man aber nur eine sein. Was ist denn das mit der Persönlichkeit?!!!?

Eine Person ist zuerst einmal kein Tier, kein Affe (mehr); sozusagen war der Übergang fliessend vom Affen zu den Hominiden, den Menschenartigen. Den ich im Spiegel sehe, der ist eine Person; im kleinsten Sinn eine Persönlichkeit. Der sogenannten Persönlichkeit wird viel und alles hinzugedichtet: Er/Sie war eine grosse Persönlichkeit in der Politik, der Gesellschaft, der Kunst, Literatur, Musik, der Wissenschaften, des Adels; im Auftreten, der Redlichkeit, der Frömmigkeit; Franziskaner, Papst, Minister, Staatschef; Mao, Che, Castro und Ludwig XIV.

Die Person ist zuerst mal unser Körper: Jeder ist tatsächlich seine eigene Person, das darf man sagen und denken, ansonsten man ja eine zwiegespaltene Person wäre. Alles andere ist zugedacht und gedichtet, ist die vorgestellte Welt, nicht real: die Persönlichkeit.

Da unsere Vorstellung sich ändern kann, was der Fall ist, so muss man sagen, dass unsere sogenannte Persönlichkeit kein fester Wert ist, sondern ein eingeschätzter, es ist eine Annäherung. Die scheint's sein muss, sonst geht es nicht. In der Psychologie gibt es offiziell fünfzig Definitionen der sogenannten Persönlichkeit. Man redet ins Ungefähre hinein, man ist verunsichert. Die einen sagen sogar, es gäbe keine Persönlichkeit. Beide haben unrecht: Es gibt nicht keine und nicht eine. Das ist die Sache mit der Zeit.

Was vor uns liegt, gibt es nicht, noch nicht. Natürlich schiebt sich das Jetzt irgendwie in die Zukunft hinein: Der nächster Moment kommt aus dem jetzigen, aber gegeben ist das nicht. Fahren wir im Auto vor uns hin, stimmt es sehr wahrscheinlich, dass wir dort ankommen, wohin wir fahren wollten; kommt uns jedoch ein anderes Auto oder ein Baum frontal entgegen, geschieht die nähere Zukunft anders als erwartet. So ist auch unsere Persönlichkeit nicht vorbestimmt, vielleicht töten wir jemanden, weil wir falsch gefahren sind, obwohl wir das bis anhin nie getan und entsprechend einen guten Leumund hatten.

Der Moment entscheidet unser Leben. Wir haben sehr wohl eine Persönlichkeit, die liegt jedoch hinter uns. Die Persönlichkeit ist immer unser Gewesenes. Zuerst sind wir mal geboren, das ist auch schon was, und zwar eine kleine Persönlichkeit, die anfangs noch winzig ist, ein Baby, mit der Zeit dann zunimmt. Diese Persönlichkeit ist real. Der Fehler der Psychologen ist der Zwang des Definierens. Diese heranwachsende Persönlichkeit beruht auf allem, was wir erleben, was wir fürs Leben behalten wollen, das sind pro Zeiteinheit eine Milliarde Eindrücke, die uns reicher und erwachsener machen, eine Definition hiervon ist nicht möglich. Mit dem verflossenen Moment entsteht die gehabte Realität, die ist nicht zum Lachen oder zum darüber Diskutieren, die ist geschehen, sie ist unausweichlich und nicht wiedergutzumachen. Was ich gesagt habe, ist gesagt. Gesagt ist gesagt, sagt man. Wenn ich jemanden umgebracht habe, bin ich der Töter, auch Jahre später.

Die Vergangenheit ist die wahre Realität, denn sie ist nicht mehr wiedergutzumachen. Zusammenfassen in

einer Persönlichkeit lässt sie sich nicht, niemand ist so einfach zu bestimmen, durch ein Wort. Jeder ist immer alles, gut und böse. Im Moment der Zeit, der auf uns zuströmenden Momente müssen wir uns jede Sekunde neu und frisch entscheiden, wer wir sind und schlussendlich sein werden und dann geworden sind. Das ist die Sache mit der Persönlichkeit, die nur der Papst vollkommen beherrscht, da er per definitionem unfehlbar ist; allen andern muss die Persönlichkeit abgesprochen werden. Man ist nämlich keine Persönlichkeit, man macht sie laufend vor sich hin. Das ist die Sache mit Sartre, dem Existentialismus:
Es gibt keine Natur, kein Gott, der uns Menschen festlegt, sondern der Mensch ist das, wozu er sich macht. Jeder ist frei, seine nächste Sekunde zu entscheiden. Wir sind demnach zur Freiheit verdammt und tragen die volle Verantwortung für das, was wir tun. Diese Aussage ist nicht nachhaltig genug: Unter äusserem Zwang (Folter, Erpressung, Krieg, Befehl, Notlage u. a.) ist der Mensch nicht frei zu handeln. Wir leben sozial mit anderen, wir stehen nicht allein da. Die anderen und die Aussenwelt, die Umstände nehmen uns in die Zwickmühle.

L'enfer, c'est les autres.
SARTRE

Solches hat aber schon Schopenhauer 1852 gedacht, den Existentialismus vorausnehmend:

Die Welt ist eben die Hölle, und die Menschen sind

einerseits die gequälten Seelen und anderseits die Teufel darin.

Die Sache mit der Umwelt

(ebenfalls Schopenhauer)

Das Bild, wie uns die Welt erscheint, ist das Bild, das wir uns von der Welt machen; nicht mehr. Die reale Welt ist anders. Für jeden Einzelnen ist es doch seine Welt; sie ist da, immerhin und schön, das Einzige, das einem wahrhaft passieren kann.

Wäre ein Mensch, einer griechisch-philosophischen Anordnung gemäss, immer allein in einem dunklen leeren Raum eingeschlossen gewesen und nichts anderes, so wüsste dieser Mensch nicht, wo er ist und wer er ist. Er könnte sich über sich keine Vorstellung machen.

Ohne unsere reale Umwelt, vor allem die gesellschaftliche, die andern Menschen, wissen wir natürlich nicht, wer wir sind. Ein blind Geborener definiert die Welt an den Sinneseindrücken, die ihm geblieben sind, er macht sich jedoch ein anderes Bild von der Welt, als wir Sehende dies tun. Die Umwelt prägt unser Benehmen.

Ein Salamander realisiert mit der Zeit, dass er ein Salamander ist, zumindest benimmt er sich so. Die Katze auch. Oft glaubt sie, menschliche Gefühle zu haben, was natürlich nicht stimmt. Katzen sind hinterhältig, immer, da muss man schon sehr aufpassen, nicht von einer Katze hintergangen zu werden.

Oder von Dürers Hasen, der hat lange Ohren und hört alles.

Wir stehen nicht vor einem einzigen Berg, sondern erfahren kontinuierlich (eins nach dem anderen) die Aussenwelt, die auf uns eindringt. Wir werden so mehr und weniger reich an Erfahrungen. Die Situation wird komplexer, wenn wir nicht mehr nur vor einem Berg stehen, den wir anschauen, sondern vor einem anderen Menschen, der uns auch anschaut, so wie wir ihn (siehe Sartre: *Le regard d'autrui, in: L'Être et le Néant*). Beim Gegenüber weiss ich, dass nicht nur ich ihn sehe, sondern er mich auch sieht. Ich weiss zudem, dass er weiss, dass ich ihn anschaue, und er zeigt sich nun anders als vorhin, als er nicht merkte, dass ich ihn anschaute; er weiss natürlich auch, dass er bewusst zurückschaut und ich mich meinerseits beobachtet fühle und umgekehrt, er weiss, dass ich das merke und ihn anschaue, er und ich erkennen die Situation blitzschnell, noch nicht wissend, wie reagieren, und in ein unterdrücktes Verlegenheitslachen ausbrechen, Hmmm!! Ich mag dich!!! Ich mag dich nicht!! Da die Gefühle gut sind, immer gut, aber ein wenig langsamer als der schnelle Geist, sollte man öfter nach den Gefühlen handeln, den langsamen Gefühlen, nicht nach dem schnellen Geist.

Mein Gegenüber kann jedoch nur sehen, was ich zeige. So zeige ich ihm nur das, was ich will. Wahr und falsch lässt sich beim Zeigen nicht mehr unterscheiden. Der Gesichtsausdruck ist immer Schauspielerei. Sogar schlechte Schauspielerei kann gespielt sein. Das tut mir jetzt leid, sagt der eine. Das muss Ihnen nicht leid tun, sagt der andere.

Mit der Sprache unterstützen wir dieses Versteckspiel. Die Sprache ist Täuschung par excellence: Wenn es nicht gerade um Logik geht, redet der Mensch aus vollem Munde, wie es ihm passt, auch wenn's nur beschönigend ist oder auch völliger Blödsinn. Das Phänomen der Beeinflussung des andern, der Verarschung also, ist weltweit so verbreitet, dermassen, als hätten es die Menschen in Abendkursen gelernt, könnte man glauben. Sehe ich den anderen so, wie er sich zeigt, und glaube, von dem Holz sei er geschnitzt, so stellt sich dieser dar, wie er gesehen werden will.

Gert Fröbe als Kindsmörder

Es geschah am helllichten Tag wurde 1958 als Film in der Schweiz im Bündnerland gedreht nach einer Erzählung von Dürrenmatt. Gert Fröbe spielte den lieben Onkel, der durch sein joviales Gehabe und seine Mimik, die süssen Worte und dank der zappelnden Kasperlifigur, die er hinter vorgehaltenem schwarzen Mantelkragen hervorzauberte und reden liess, das Kind in seinen Bann zog, das kleine Mädchen in den Wald lockte um es zu töten. Als Gert Fröbe zwanzig Jahre später mit seinem Kleintheaterprogramm in Luzern unter anderem als schleimig triefende Schnecke auftrat, ich sah ihn realistisch als Burgunderschnecke, erhielt die Kantonspolizei tags darauf Hinweise aus der Bevölkerung, der deutsche Kindermörder sei wieder in der Schweiz, man solle die Gelegenheit nutzen, ihn festzunehmen. Wegen seiner überzeugenden manisch-dämonischen Verführerrolle des pädophilen Kindermörders erhielt Fröbe später die Bösewichtrolle im Bond-Film Goldfinger. Wegen dieser üblen Rolle wurde er dann das Image des bösen Deutschen nicht mehr los. Die Kinder glauben an das, was sie sehen, oder an das, was man ihnen sagt. Erwachsen werden aber heisst unter anderem, kritisch denken lernen: die Mehrschichtigkeit, die Ungenauigkeit und die Täuschungen des andern zu hinterschauen.

Um der Wahrheit möglichst nahe zu kommen, gilt nur eine Regel: Man drehe die menschlichen Äusserungen um und denke das Gegenteil; vor allem dann, wenn die Äusserungen unaufgefordert ausgesprochen wurden: Jede Bank, die sich unaufgefordert Vertrauensbank nennt, ist natürlich eine Veruntreungsbank. Wer sagt, er würde nie betrügen, betrügt dich bereits. Wer sagt, er schätze dich sehr, verachtet dich. Wer sagt, er würde nie schlecht über dich reden oder denken, hat's bereits getan. Oder: Ich würde dich nie betrügen… Hier gilt immer das Gegenteil, die Alarmglocken läuten.

Die Welt ist eine Bühne
The world is a stage where everybody has to play his part, sagte Shakespeare. Es sieht in der Tat so aus, als sei unser tägliches Benehmen – durch den Gesichtsausdruck und die Körpersprache –, ein reines Schauspiel.

Wie im Theater zählen nur die Mimik, die Garderobe und das Gerede. Was anderes kann der Zuschauer/Zuhörer ja auch nicht wahrnehmen. Die Person, als die man erscheinen will, muss dargestellt werden, in Rolle und Kleidung:

Der Arzt im Arztkittel.

Der Garagist im Overall.

Der Präsident mit Krawatte.

Der Papst und die Kardinäle im Faltenrock.

Die Mullahs mit Bart und Hirtenkleid. Der General in Uniform mit Brustmedaillen.

Und die Prostituierte im Minirock.

Diese Rollenspiele sind so eingefahren, dass man sich einen Kleidertausch nicht vorstellen kann:

Der Arzt im Faltenrock.

Der Papst im Overall.

Der Garagist im Minirock.

Der Mullah geschoren und mit Krawatte.

Der Präsident im Hirtenkleid.

Die Prostituierte mit an der Brust gehefteten Medaillen und der Oberst mit nackten Beinen und nacktem Arsch.

Auch die Sprache ist spezifisch, eigenartig. So als wären König-, Arzt-, Handwerker-, Politiker-, Militär-, Priester- oder Richtersein eine Gattung, genbedingt (dabei ist nur das blaue Blut der Adligen erblich). Sie alle haben ihren Slang (Jargon), ihre eigene Sprache, die für den Laien, der nicht zur Gruppe gehört, unverständlich ist.

Wenn Derrida sagt, – *Der Doppelpunkt suspendiert die ontologische Kopula des Ist*, so verstehen nur andere sogenannte Philosophen diesen Satz, die Dekonstruktivisten. Was man nicht versteht, noch schlimmer, was man nicht verstehen kann, hat was Faszinierendes an sich: Je unverständlicher Gott, umso heftiger der Glaube an ihn.

Der Charakter

Es sind nicht nur die Sprache, die Körpersprache, die Mimik, die Kleidung, die uns in den Augen des andern zu einem andern, einer besonderen Persönlichkeit machen, sondern unser Benehmen ist es, unser Verhalten über eine längere Zeit hinweg; man schreibt uns eine Eigenschaft zu: den Charakter.

Was zum Erlangen einer richtigen Persönlichkeit, dem Charaktermenschen, gefordert wird, ersieht man am besten in den Nachrufen, bei den Grabesreden an der Totenbahre: Der Verblichene war streng, aber korrekt; streng, aber gerecht; offen, aber gläubig; geradeheraus, aber sittsam, geradlinig; gütig, aber streng und tadellos gnadenlos; unnachgiebig, aber verständnisvoll; charaktervoll, aber auch humorvoll; gläubig und ernst, aber auch unvoreingenommen heiter; immer unnachgiebig sich selbst und erbarmungslos allen gegenüber. Er ist unersetzlich. Er war entsetzlich. Wir bewundern ihn. Er wird ein Loch hinterlassen. Wir danken für die Zeit, die wir mit ihm verbringen durften.

Diese klein- und mittelbürgerlichen Tugenden, die für ein rechtes Leben dastehen, sind Relikte der klassischen grossbürgerlichen Tugenden des 19. Jahrhunderts, dessen Bürger wiederum eine Restausgabe, ein Auslauf der Königlichen und der Adligen waren, die mit der Französischen Revolution 1789 abgeschafft, an den Galgen gehängt oder guillotiniert wurden.

Wer den choix hatte, wählte die neue Methode des Mediziners Dr. Guillotin. Die Betroffenen trauten vom Gefühl her mehr dem Wissenschaftler – der im Revolutionsjahr gross in Mode gekommen und dessen sanfte Methode, den Kopf vom Leib zu trennen, als die

schmerzloseste erkannt worden war – als dem grob-
schlächtigen Henker, der für dasselbe Resultat öfters
mehrere Schwerthiebe benötigte.

Die freie Bürgerschaft, die Demokratie (Liberté, Éga-
lité, Fraternité) war entstanden, oder sollte es sein. Es
schien nur so. In der Praxis ging es eben noch nicht um
diese grosse Freiheit, Gleichheit, Brüderlichkeit, die
gemeint waren. Der moderne bürgerliche Kodex war
im Kleingedruckten eine Übernahme der alten aristo-
kratischen Regeln. Deren Tugenden sind:
Glaube. Patriotismus. Treue.
Ehrfurcht. Ehre.
Autorität. Moral. Anständigkeit.
Scham.

Die sexuelle Moral ist maskulin, durchgehend aber
vom Massstab der Sauberkeit geprägt und durchnässt.
Der Mann bleibt sauber, ein sogenannt gefallenes
Mädchen ist jedoch beschmutzt. Die Einhaltung dieser
kleinbürgerlichen Anstandsregeln ergab umgekehrt
eine Umkehrung der Werte:
Prüderie. Frömmigkeit.
Neid. Hass. Kleingeistigkeit.
Vergeltungssucht. Rachsucht.
Edle Neurosen und Hysterie.
Voreingenommenheit.
Geiz ist geil.
Egoismus und Heuchelei.
Wie dieses Gegenteilige, dieses unweigerliche Zer-
würfnis des zwiegespaltenen Hirns unter einen Hut
zu bringen ist, was eigentlich nicht geht, zeigt die

brüchige Bürgermoral. Noch am Sarg, bei der Abdankung, ruft man dem Verblichenen nach, im sogenannten Nachruf:

– *Er war ein Charaktermensch!!*

Der bürgerliche Charakter, diese Krankheit, feierte Urstände im Ersten Weltkrieg – mit dessen ehrbaren Tugenden, vor allem der Vaterlandsliebe –, so wie vorher und nachher nie mehr. Heute stirbt man eher für Religionen oder Öl.

Es gab immer Kriege, seit Menschengedenken. Die Kriege hatten jedoch einen Sinn, zumindest für eine der Parteien, sei es auch nur ein kleiner Sinn gewesen. Nur der Erste Weltkrieg, anfänglich noch sinnvoll – als Rache der Franzosen nach der Schmach des verlorenen Deutsch-Französischen Krieges von 1870-1871 –, machte als Einziger mit der Zeit keinen Sinn mehr. 1870 erklärte Napoleon III. den Preussen den Krieg. Frankreich verlor den Deutsch-Französischen Krieg von 1870-1871 und verlor Elsass-Lothringen an Deutschland. (Der Kriegsausbruch 1870 unterbrach das Erste Vatikanische Konzil und somit die Diskussion um die Unfehlbarkeit des Papstes; dieser Entscheid musste vertagt werden, ein Kollateralschaden; ein Charakterschaden.)

Der Deutsche Wilhelm I. liess sich im Schloss von Versailles bei Paris zum Kaiser krönen, eine Schmach den Franzosen. Sie hatten eine der entscheidenden Schlachten bei Sedan verloren. Dieser Tag wurde als Sedantag jährlich in Deutschland gefeiert, das machte Sinn; gefeiert wurde nur bis 1918, dann nicht mehr;

das machte ebenfalls Sinn, denn die Deutschen hatten nun auch verloren – den Ersten Weltkrieg – und mussten Elsass-Lothringen zurückgeben. Diese Schmach bohrte in den Deutschen weiter, düngte den Boden fruchtbar für die Faschisten, Hitler und Mussolini. Der Faschismus musste niedergekämpft werden, es war der Zweite Weltkrieg, eine logische Folgerung, die Sinn machte, irgendwie.

Der Erste Weltkrieg ist der einzige von allen Kriegen, der mit der Zeit aber diesen Sinn verloren hatte. Er verlor eindeutig an Charakter, er ist zwar immer noch der grösste aller Kriege. Der Grosse Krieg. La Grande Guerre. The Great War. Aber nicht weil es siebzehn Millionen Tote gab und vierzig Staaten daran beteiligt waren und der Krieg was Besonderes gebracht hätte – die Deutschen waren in ihrem Vormarsch über Belgien schnell nach Nordfrankreich eingedrungen und blieben an der Marne hängen, jahrelang. Die Schlachten in Verdun, an der Somme und in Flandern waren ohne Geländegewinn, ein Stellungskrieg in den Schützengräben, der keinen Sinn mehr machte, dieser verpuffte wörtlich im Stahlgewitter.

Alle Kriege hatten bislang ein Vorwärts und Rückwärts, Napoleon ging nach Italien, nach Österreich und Russland, kam schnell zurück. In den Kriegen ist Bewegung, vorwärts, rückwärts, Sieg, Niederlage; Landgewinn, Landverlust.

Der Stellungskrieg hier war ohne Bewegung. Es entstanden neue Regeln, eine Tagesordnung. Schlafstätte. Morgens Frühstück, im Graben schiessen bis Mittag. Eine Stunde Mittagspause. Pissen und scheissen in eine

Grube. Nachmittags Arbeit bis 18 Uhr. Nachtruhe und Pause am Weihnachtsabend und sonntagmorgens für die Messe. Manchmal gab's einen schussfreien Aufräumetag der Leichen.

Die Pariser wurden mit Taxis, einmal aller, ohne retour, an die Front gebracht, les taxis de la Marne. Es war sinnlos geworden, das wussten beide Seiten, aber niemand konnte den mechanisierten und tragischen Ablauf stoppen. Etwas wehte wie ein neuer Gott nebulös über den Rauchschwaden wie ein Gas, ein Kriegsgott, die Liebe zum Vaterland:

Der Patriotismus
Ein wertfreies Gefühl.
Oder umgekehrt: Werte ohne Gefühl.
Beides.
Wer sich dafür töten lässt, ist ein Held, ein sogenannter Kriegsheld; wer das nicht macht, ist ein Feigling, wird dafür sogar erschossen. Denn der Patriotismus ist der Stolz an sich. Aber was ist schon Stolz?
Der Patriotismus ist eigenartig, er lässt sich gleichwertig in zwei schneiden: Es gab den deutschen und den französischen Patriotismus. Oder in mehr schneiden: den englischen, den italienischen, den russischen, den japanischen Patriotismus.
Er lässt sich in viele Teile aufschneiden, ohne verletzt zu werden, wie ein Pudding, immer ganz bleibend, ein Teil ist gleich dem Ganzen; so lässt sich der deutsche und der französische Patriotismus, ohne dafür unlogisch zu wirken, zu einem vereinen.

Manifest der 93

September 1941. Aufruf an die Kulturwelt. Erklärung der Hochschullehrer des Deutschen Reiches, Auswahl:

Es ist nicht wahr, dass unsere Kriegsführung die Gesetze des Völkerrechts missachtet. Sie kennt keine zuchtlose Grausamkeit.

Im Osten aber tränkt das Blut der von russischen Horden hingeschlachteten Frauen und Kinder die Erde, und im Westen zerreissen Dumdumgeschosse unseren Kriegern die Brust. Sich als Verteidiger europäischer Zivilisation zu gebärden, haben die am wenigsten das Recht, die sich mit Russen und Serben verbünden und der Welt das schmachvolle Schauspiel bieten, Mongolen und Neger auf die weisse Rasse zu hetzen.

Ohne den deutschen Militarismus wäre die deutsche Kultur längst vom Erdboden getilgt. Deutsches Heer und deutsches Volk sind eins. Dieses Bewusstsein verbündet heute siebzig Millionen Deutsche ohne Unterschied der Bildung, des Standes und der Partei. Wir können die vergifteten Waffen der Lüge unseren Feinden nicht verwinden. Wir können nur in alle Welt hinausrufen, dass sie falsches Zeugnis ablegen wider uns. Euch, die Ihr uns kennt, die Ihr bisher gemeinsam mit uns den höchsten Besitz der Menschheit gehütet habt, Euch rufen wir zu:

Glaubt uns! Glaubt, dass wir diesen Kampf zu Ende kämpfen werden als ein Kulturvolk, dem das Vermächtnis eines Goethe, eines Beethoven, eines Kant ebenso heilig ist wie sein Herd und seine Scholle.

(Die Blutscholle und das Vaterland!!)

Könnte von Heidegger sein. Unterzeichner unter anderen Gelehrten:

Max Planck. Max Reinhardt. Max Liebermann. Alles
Maxe. Und Wilhelm Röntgen. Siegfried Wagner. Gerhart Hauptmann. Ernst Haeckel.
93 Unterschriften.
Am deutschen Wesen soll die Welt genesen!

**Erklärung der Hochschullehrer
des Deutschen Reichs**
Oktober 1914. 3000 Professoren, demnach praktisch
alle Dozenten der dreiundfünfzig Universitäten Deutschlands, ratifizieren mit ihrer Unterschrift das Manifest der dreiundneunzig und schliessen mit:

*– Unser Glaube ist, dass für die ganze Kultur Europas
das Heil an dem Siege hängt, den der deutsche Militarismus erkämpfen wird, die Manneszucht, die Treue,
der Opfermut des einträchtigen freien Volkes.*

Im Felde, da ist der Mann noch was wert,
Da wird das Herz noch gewogen.
Da tritt kein anderer für ihn ein,
Auf sich selber steht er da ganz allein.
Der dem Tod ins Angesicht schauen kann,
Der Soldat allein ist der freie Mann.
FRIEDRICH SCHILLER, WALLENSTEIN

Als der Nachschub versiegte, die starken Männer ausgestorben waren, schritt man zähneknirschend zum
Versailler Vertrag. Die höchste Tugend, die Vaterlandsliebe, war eine Chimäre gewesen.

In jedem guten französischen Dorf stehen steinerne Kriegsdenkmäler mit den Namen der unfreiwilligen und schlussendlich überflüssigen Helden. Vorne die vom Ersten, hinten die vom Zweiten Weltkrieg. Der Schein trog diese armen Helden. Damals gingen sie Deutsche schiessen. Wie die Zeiten sich ändern!

Zurück zur Perönlichkeit

Die Poilus des Ersten Weltkriegs sind uns heute unangenehm unverständlich geworden, zumindest sind ihre Tugenden nicht mehr gefragt. Welcher Franzose oder Deutsche würde heute für sein Vaterland noch einmal in diesen Krieg ziehen? Vergessene Tugenden.

Durch die nie dagewesene Aufklärung durch die Medien, die einmalig ist (Presse, Fernsehen, Internet, Kino), diesem (weltweiten) Austausch an Informationen, ist die bürgerliche Persönlichkeit in Europa heute hinterfragt und hinfällig geworden. Da sie mit dem Religiösen eng verknüpft eigentlich ein und dasselbe war, als gemeinsamen Nenner die Sexualfeindlichkeit innehatte, so litt schlussendlich auch die Religion darunter. Nicht nur die bürgerlichen Tugenden, sondern auch die Religion, die dazu gehörte, gingen kaputt. Bis jetzt war die Kirche im Dorf geblieben, wie man sieht, wenn man durch Frankreich übers Land fährt.

Wir erleben in unserer demokratischen Welt – ich rede von Europa, um das Thema zu begrenzen – einen Untergang der bürgerlichen sowie der religiösen Werte: Man kann Sex haben, ohne gleich dabei heiraten zu müssen. Freier Sex: homo-, bi- oder transsexuell. Und man kann Deutsche in den Videogames in die Luft jagen, ohne gleich nach Verdun ziehen zu müssen.

Das Befinden der Persönlichkeit hat sich vereinfacht: Es zählt nur das eigene Wohlergehen, das Geld, alles wird daran gemessen, nicht mehr an was Höherem. Ein russischer Oligarch kann sich heute ein Schloss in Frankreich kaufen, ohne dass Adelsblut in seinen Adern flösse. Die alten adligen, hüftstarren Schlossherren machen dafür mit Gehstock Touristenführungen durch ihre Schlafzimmer für ein Trinkgeld, zum Überleben.

Das mit dem Geld war zwar immer schon so, schon bei den Assyrern. Nur wurde die Gier nach Geld und Macht hinter und tief unter den Tugenden versteckt, es lief unter göttlicher Moral seit den Ägyptern, übers ganze Mittelalter bis 1918, das war dann das Ende der Moral.

Heute wird das Geld gewissenlos gezeigt, ohne Deckmantel, man weist auf sich selbst zurück: die Villen sehen aus wie kleine Schlösser mit Erkern und Säulen; die Autos sind bombastisch mit Traktorenaufhängung, als bringe man durch Zürich wie durch ein Sumpfgebiet vom Ersten Weltkrieg eine Depesche zu Führers Hauptquartier.

Das Geldhaben ist heute der Wert an sich.

Geld oder nicht Geld, das ist die Frage.

Hamlet.

Geht man heute zu einer Bank Geld aufnehmen für eine Hypothek zum Wohnen, fragt die Bank: Wie viel Geld haben Sie denn? Die Welt wird immer mehr in zwei Klassen getrennt, in Reich und Arm, nichts anderes.

NZZ Society Partnersuche (Zitate):
- Mainly Montecarlo-Milliardär. Weltbürger aus Industriedynastie. Jet-Society. Interesse an Weltwirtschaft. Erbe einer Industriegruppe. Alle Facetten des guten Stils geniessen.
- Luxusimmobilienmaklerin. Lebt schlichtweg am herrlichsten Flecken dieser Erde.
- Ich... sinnliche Vollblutfrau, schätze mediterranes Essen, guten Wein, schönes Wohnen, elegante Garderobe, schnelle Autos, warme südliche Länder u. a. m. (und anderes mehr).
- Vermögen und Grundbesitz sind vorhanden, ich... 75, erfolgreicher Rechtsanwalt Zürich, vermisse niveauvolle Dame, die ähnliche Vorstellungen hat.
- Erfolgreicher Unternehmer, Witwer, hat seine Firma verkauft und ist jetzt frei für alles, was im Leben wertvoll ist.

Die Persönlichkeit ist das Geld, man hat es oder man hat es nicht. Wer keine Jacht hat, dem fehlt die Persönlichkeit. Der Mensch hat lediglich, und das ist schon sehr viel, ein...

Bewusstsein (noch einmal),
das sich über Millionen Jahre entwickelt und perfektioniert hat.
Wir können über uns selbst nachdenken! Dieser Vorgang ist – wie das Internet –, nicht handgreiflich, aber

hervorrufbar, wenn wir das Hirn einschalten, solange wir nicht Alzheimer haben und uns ein Zugang zum grossen Provider verwehrt wird.

Das Bewusstsein ist fragil wie der neue anbrechende Tag, wenn wir aus tiefer Nacht erwachen. Im Schlaf waren wir auf null runtergeholt. Wollen Sie das Programm tatsächlich abschalten, heisst es vor dem Einschlafen, wenn Gott fragt. Ja.

Im Schlaf sind wir bewusstlos. Der Traum, so weiss man heute, besteht aus Bewusstseinsresten, die wie geschredderte Hirnschnipsel in unserem Elektronenhirn noch herumgeistern ... Adieu, Freud und Jung, mit der Traumdeutung!

Wir setzen uns morgens ganz leer zuerst an den Bettrand. Sollten wir des Nachts gestorben sein, so hätten wir's nicht gemerkt gehabt. Es wäre fertig mit dem Anschluss an diese Welt, denn diese Welt ist lediglich die des Bewusstseins.

Schütteln wir den Kopf, so schiessen Blut und Sauerstoff ins Hirn in die Kommandozentrale hinauf, die dann den neuen Tag, die bewusste Organisation dieses neuen Tages, unseres einzigartigen, einmaligen und zeitbegrenzten Lebens übernimmt. Es ist der schöne Zeitpunkt der Leere, die Proust beschrieben hat, zwischen Schlaf und Wachsein, die eine Sekunde, in der man leer ist, der Körper nichts weiss nicht weiss wer er ist und zu wem er gehört und in welcher astralen Welt er sich befinden mag es ist der Rohzustand des leeren Körpers die Persönlichkeit ist ausgeschaltet wir sind ein leeres Auffangbecken dieser Zustand gibt uns eine kurze Ahnung des körperlichen Ichs, das wir im leeren Zustand sind bevor wir den morgendlichen Motor einschalten.

Wenn wir feststellen, wir sind als König aufgewacht, so rufen wir nach dem Butler. Sind wir keine Persönlichkeit, so ziehen wir unsere Hosen selber an. Solange wir gesund aufwachen, finden wir uns schnell in unserer Erinnerung wieder, zu unserer eigenen Person. Ich finde mich zurück zu meinen zwei Identitäten: die körperliche und die geistige. Die Reihenfolge ist festgelegt: Es gibt zuerst die körperliche Identität im Sinne, wer liegt denn da, das bin ich, es ist das sich Gleichsein beim morgendlichen Aufwachen, ich bin mein Körper und nichts anderes. Ich bin den Gesetzen des Seins unterworfen, funktioniere nach physikalischen und chemischen Gesetzen: Essen, Trinken und Verdauung, vor allem aber nach den Gesetzen der Schwerkraft.

Leider Gottes musste sich Jesus, der Mensch geworden war, auch an die Schwerkraft halten, es kann nicht sein, dass er ohne Hilfsmittel fliegen konnte oder übers Wasser ging. Der Körper ist zeitgebunden, wir befinden uns immer im Hier und Jetzt, nie gleichzeitig woanders. Auch Jesus, der Menschensohn, konnte nicht gleichzeitig überall sein, er musste sich an seine Erscheinungsagenda halten.
Die zweite Identität ist die geistige. Sie ist nichts anderes als unser Denken. *Cogito ergo sum.* (Descartes) Ich denke, ich bin, also bin ich. Ich bin der, der denkt, und niemand anders. Aber! Unsere Gedanken sterben mit uns, unser grosses Leid!!

Die Gedanken an sich aber, die, die alle kennen, die Gedanken, ich weiss, was du meinst, ich verstehe dich, diese Gedanken sind Allgemeingut, schweben praktisch in der Luft über uns, wir können uns an sie andocken nach Belieben, sie sind die Ewigkeit, die unserem Körper verwehrt bleibt. Diese geistige Identität stirbt nicht mit der Zeit, sie kann über Medien wie Literatur, Musik und Kunst und Internet weiterleben und jederzeit hervorgerufen werden.

Wer heute ein Königsdrama von Shakespeare miterlebt, erlebt Shakespeare zu 99 % ... und nichts anderes, sein Innen, sein Überlegen, sein Denken, fast ihn ganz. So kann man sagen, dass das Bewusstsein Shakespeares nicht tot ist. Dasselbe passiert mit Mozart, seine göttliche, einzigartige Musik umschwirrt die Welt, ein jeder hört von weit: Das ist Mozart, Mozart persönlich und niemand anders. Es ist dasselbe mit van Gogh und seinen Bildern, ein grosser Teil dieses einohrig geschlitzten Mannes ist farbig tönend beglückend immer noch unter uns. Es ist dies (erste Identität war sein Körper) die dritte Identität Mozarts; sein Schädel und sonstige Knochen, die Reste der ersten Identität, liegen herum in einem Kommunengrab, dem Schindacker des Sankt Marxer Friedhofs, ausserhalb Wiens.
Mozarts zweite Identität, das künstlerische Bewusstsein, seine Musik im Kopf, das war er selbst. Als Kind schon wusste er, dass er Mozart war, da er als sechsjähriger Wunderknabe bereits Klavierkonzerte gab, elfjährig seine erste Oper (Die Schuldigkeit des ersten Gebots) komponierte, mit dreizehn die Oper *Idomeneo* und später (in seinem kurzen Leben, er wurde

sechsunddreissig) ein ganzes Köchelverzeichnis mit neuen Werken füllte. Nach seinem frühen Tod hat Mozart nichts mehr komponiert, überhaupt nichts mehr, seine zweite Identität, das Musikspielen, ist mit ihm zu Grunde gegangen. Aber heute gibt es Mozart zu hören mehr denn je, er ist universell, sozusagen, es geht um diese dritte Identität: es ist das immer reproduzierbare Bewusstsein von Aristoteles, Shakespeare, Molière, Proust, van Gogh, Matisse, Magritte, Beethoven, Chopin, Satie, Miles Davis, Fellini, Kubrick und allen, die noch so da sind, unter uns weilen mit ihrem jemals schon Reproduzierten, ihrem ganzen Zeug, durch das sie sind, was sie sind, für immer.

Wie Gott.

Wie Shakespeare.

Beide werden weltweit aufgeführt, der eine in der Kirche, der andere im Theater. Der Unterschied zwischen beiden ist nur der, dass Shakespeare auf Erden gelebt hat, Gott nicht. Das macht im Renommee keinen Unterschied, denn wir leben nicht in der Realität, nur in dem, wie wir sie uns vorstellen. Vorstellen genügt, ob das richtig oder falsch ist, ist egal. Wir leben nach dem, was wir denken und für gut finden, nicht nach dem, was für die Menschheit, für alle besser wäre, denn die Menschheit hat als Ganzes keine Ziele, keine höheren Bedürfnisse an sich. Der Welt ist dieses Verhalten egal, dem Universum sowieso. Jeder ist mit seinem Bewusstsein schlussendlich ganz allein auf sich gestellt.

Was zählt denn, wenn es Gott nicht gibt?
Ein Endgespräch als Vortragsabend im Alters- und Pflegeheim Kriens

Eine sehr gute Frage hier aus dem Publikum, würde jeder gute Redner beim Infoabend im Pflegeheim Santo Spirito antworten. Es sei dies nämlich eine Grundfrage der Menschheit, die ein gewisser Theaterautor, bzw. sein Ghostwriter, man wisse dies nicht so genau, damals auf Englisch gestellt habe, die Seinsfrage:
To be or not to be, that is the question.
Wir dächten alle zu wenig an die Nottubi (die *not to be)*, die schuldlos nicht da seien, die es als Samenfaden nie zum Ei der Begatteten, dem Monatsei, geschafft haben, die heute unter Umständen Muslim oder ein guter Christ geworden wären. Sie sind, wertes Publikum, hier im Pflegeheim lebensbedürftig, des wahren Lebens, dieses grossartigen Ereignisses, habhaft, jedoch nicht mehr lange, wie Sie alle wissen, aber bereits vergessen haben, referiert der Redner – eine Art Sozialpsychologe ohne Diplom, von der Stadt jedoch geduldet im Arbeitslosenprogramm als Referent in allen Heimen und in der christlichen Erwachsenenbildung, der mit einer Einmalgage, einem Abendessensticket in der Kantine und dem Entgelt für die Anreise mit öffentlichen Verkehrsmitteln entlohnt wird.
– Denken Sie doch mal an die, die nicht geboren sind. Also die nicht hier sind, weil sie nicht hier sein können. Denken wir an diese verlorenen Seelen, die von nichts wussten, fährt der Redner fort und steigert sich in eine Wut hinein. Gott richtet nicht nur am Letzten Gericht, vor dem Sie bald erscheinen werden, werte Zuhörergesellschaft, hier, heute Abend, in vier Wochen sind

Wahlen, stimmen Sie auch dieses Mal richtig, so wie Ihnen gesagt wird, unterschreiben Sie den Zettel, den der Stadtschreiber Ihnen morgen hinhält, oder sein Vertreter, der Stadtschreiber selber, hat Wichtigeres zu tun, bitte sehr, was fragen Sie dahinten im Saal?, schalten Sie doch Ihr Hörgerät auf Stufe vier, sonst können Sie mir nicht folgen, hören Sie jetzt besser?, kaufen Sie sich Öl für Ihre Lampe und behalten Sie das Öl für sich, im Nachtkasten, geben Sie's nicht weiter, wenn Ihr Nachbar keines hat, dann ist er selber schuld, er hätte im Sommer einsammeln sollen statt tanzen und herumsingen gehen wie die Grillen. Wir können in der Schweiz nicht alle retten, das Boot ist schon lange voll. Wer kein Boot hat, geht unter, das ist eine Matrosenweisheit, das weiss heute jedes Kind, wird in der Schule gelehrt, im Religionsunterricht. Gott hat übrigens schon gerichtet, ab Anfang, ab Samenerguss, von hundert Millionen Samenfäden hat er sich einen einzigen ausersucht, der zur Gottesanbetung herangezüchtet werden sollte, der eine, das waren Sie, die hier noch sitzen, alle andern Samenfäden liess er auf dem Tagesmarsch von der Scheide bis zu den Eileitern hinauf wie Erste-Weltkrieger in Gräben und Schluchten fallen, aushungern und verdursten, elendig versiegen. Die allermeisten Menschen wurden nie geboren, Gott ist und war immer schon wählerisch und äusserst brutal. Seien Sie also froh und schauen Sie nicht so reglos und besonnen drein, fast unansprechbar, als seien Sie nicht mehr von dieser Welt.

Alle klatschten ein wenig.

Der Redner bedankte sich. Der Direktor bedankte sich beim Redner, steckte diesem den abgemachten Umschlag in die Seitentasche. Alle sollten jetzt schlafen gehen, morgen sei noch ein Tag .... vielleicht!!

So rief der Redner in den Saal hinein, wo die Hälfte der Zuhörer auf ihrem Stuhl, im Rollstuhl oder im fahrbaren Bett bereits eingeschlafen war und denen von den Nachtschwestern ins Ohr geflüstert wurde, sie würden jetzt abgeführt. Es sei genug Wasser den Bach runtergelaufen, dies als Gutenachtgeschichte.

Die Philosophie

bleibt als letzte Antwort auf die Gottesfrage.

Die Philosophie ist in der Tat das Letzte, sie ersetzt den Herrgott, sollte es ihn nicht geben.

Sie sollte es zumindest, ihn ersetzen.

Das Denken an sich schliesst nämlich alle Gottesreligionen aus. In den Bibelstunden und den Koranschulen ist Denken verboten. Wer trotzdem denkt, wird exkommuniziert oder gesteinigt, wenn er eine Frau ist. Die religiösen Behauptungen werden wie Nägel mit dem Hammer der Überzeugung ins Brett gejagt, das die Gläubigen auf der Stirn vor sich hertragen. Die Theologie geht von der Existenz Gottes aus, die Theologie ist demnach keine Philosophie, denn die Philosophie stellt zuerst mal die Existenz Gottes in Frage, sonst wäre sie keine Philosophie.

Jede Frage, die wir uns stellen, die sich ein jeder nach seiner Geburt stellt: Warum bin ich da? Was ist passiert? Wie soll ich mich verhalten?, ist bereits die beste Philosophie. Diese ist nichts anderes als *fragen*.

Leider tun die grossen Philosophen sich wortreich kompliziert unverständlich kund, nur ihres eigenen

Ruhms wegen, um den Nichtwissenden mit ihren elitären Wortklaubereien zu imponieren, ihnen ihre Meinungen um die Ohren zu schlagen.

Heidegger: – *Das Spiegel-Spiel der weltenden Welt entringt als das Gering des Ringes die eigenen vier in das eigene Fügsame, das Ringe ihres Wesens. Aus dem Spiegel-Spiel des Gerings des Ringes ereignet sich das Dingen des Dinges.*

Heidegger war Nazi und Antisemit; in seinen 2014 veröffentlichten *Schwarzen Heften* spricht er den Juden eine rechnerische Begabung zu und ein Rassenprinzip, das sie am längsten vertreten und sich dann am meisten dagegen gewehrt hätten.

Sein sogenanntes Rassenprinzip der Juden grenze an Dummheit, und sein Rektorat selbst (das sog. Führerrektorat) sei die grösste Dummheit seines Lebens, behauptete Heidegger später, scheint's.

Die Philosophen selbst halten gegenseitig nichts voneinander. Sartres Existentialismus sei ein Missverständnis, sagte Heidegger.

Sartre: Heidegger hat keinen Charakter, das ist die Wahrheit. Und ausserdem, was zählt schon Heidegger? Sartre traf 1952 Heidegger privat in Freiburg und berichtete nachher, er habe bei diesem Philsophen jedwedes Engagement vermisst, und am Ende habe er nur noch mit dessen Hut gesprochen.

Adorno hielt Heidegger für einen faschistischen und niederen Blut- und Scholle-beschmierten Agrarphilosophen, an dem die Mitschuld an den Judenmorden hafte (ich zitiere Adorno aus dem Gedächtnis).

Nietzsche hielt Kant für einen Idioten.

Schopenhauer hielt Hegel für einen Esel.

Schopenhauer war Misogyn und Antisemit.

Nietzsche auch.

Sartre war noch Kommunist, als die Russen in Ungarn einmarschierten, dann Stalinist, als Stalin die Leute bereits nach Sibirien schickte, dann Fidel-Castro-Fan, während dieser politische Gefangene machte, dann Maoist ab 1970, als dieser den Genozid in China bereits vollzogen hatte; alles Fehleinschätzungen, die der Vorzeigephilosoph und Literaturnobelpreisträger nicht als solche erkannt hatte. Wie soll denn ein Bauernbursche die Welt erkennen?

Fazit: Die Philosophen scheinen die Welt nicht zu retten. Natürlich soll jeder Mensch Philosoph sein, sein eigener, sich seine Meinung bilden, es gibt nichts anderes. Ein grosses Vorbild ist hierfür:

Diogenes

von Sinope (400 v. Chr.)

Er lebte wie ein Hund, man kann sagen, als Hund, wie er selber behauptete, in einer Hundehütte. Alexander der Grosse stellte sich vor ihn hin und gab ihm einen Wunsch frei. Geh mir aus der Sonne, antwortete Diogenes.

Einmal ging Diogenes durch die Stadt und hatte am helllichten Tag seine Laterne angezündet. Er suche nach Menschen, sagte er.

Er lebte nackt im Fass, unrasiert, trank aus den Händen, den Hundenapf hatte er weggeschmissen. Pissen, scheissen, masturbieren, Beischlaf mit den freundlichen Huren machte er auf öffentlichem Grund.

Er denunzierte das Schönerwohnen- und das Scham-
gefühl der prüden Gesellschaft. (Peter Sloterdijk)

Hätte es damals schon die Christen des Mittelalters
oder die Muslime in Allahs Namen gegeben, diese hätten Diogenes allein seiner Sexualdelikte wegen exkommuniziert, gehäutet, seine Tonne mit Steinen bewor-
fen, zugeschüttet, ihn lebendig begraben.

Wie soll ich denn richtig leben wenn es Gott nicht gibt und die Philsophie nicht?

Die Kaulquappe hat recht mit ihrer eigenen kleinen
Philosophie. Wenn sie zur Welt kommt als Kaulquappe,
sagt sie: Mein Gott, schon wieder als Kaulquappe! Das
ist Philosophie, und zwar die wahre, die uns weiter-
hilft. Die Kaulquappe wird zum Frosch, dieser, wenn
er geküsst wird, zum Prinzen und dieser 1789 mit der
Guillotine geköpft, die einzig schmerzlose Methode,
den Kopf vom Rumpf zu trennen. So ist unser Sonnen-
system, endlich, d. h. begrenzt und ohne Rettung. Die
Galaxien dagegen driften auseinander mit zunehmen-
der Schnelligkeit. Na bitte.

Albert Mambourg

Geboren 1943 in Luxemburg,
Frauenarzt, lebt seit 1969 in der Schweiz

BÜCHER:

Approches
Nouvelles Editions Debresse, Paris, 1973

Le crime parfait
Nouvelles Editions Debresse, Paris, 1975

Lise endlos lieben
Fouqué Literaturverlag, Frankfurt a. M., 1999

Laura
Verlag Op der Lay, Luxemburg, 2007

Philippe Schibig. Der Prinz vom anderen Stern
Herausgeber. Künstlermonografie.
Scheidegger&Spiess Verlag, Zürich, 2010

Im Zuge Magrittes
Verlag Op der Lay, Luxemburg, 2011

Forelle mit Erdbeeren
Verlag Op der Lay, Luxemburg, 2013

BEITRÄGE IN ANTHOLOGIEN:

Kindheit
Schriftbilder - Neue Prosa aus Luxemburg, 1984.
Editions Binsfeld Lux.

Sage allen, du habest den Papst gesehen
Autorenverlag, Luxemburg, 1985

Magritte und die Frau im Eimer
in: *Lustich – Texte zur Sexualität*, Autorenverlag,
Luxemburg, 1987

Forelle mit Erdbeeren
in: *Kochbuch des Zweiten Tieres*, Luzern, 1999

Il Gato oder Die Kunst der Musik ist Schweigen
Romanfürsorge Wuppertal, 2000

Der Mond ist soo hinter einer Wolke
in: *Literarische Kurzprosa aus Luxemburg*
Universitätsverlag St. Ingbert, 2009

LITERARISCHES CABARET IM KLEINTHEATER LUZERN:

Ein Bürger kommt selten allein, 1981
Der Ritt über den Vierwaldstättersee, 1982
Denn sie wissen, was sie tun, 1983

Bibliografische Information der Deutschen Nationalbibliothek:
Die Deutsche Nationalbibliothek verzeichnet diese Publikation in der
Deutschen Nationalbibliografie; detaillierte bibliografische Daten sind
im Internet über http://dnb.dnb.de abrufbar.

© Albert Mambourg
Herstellung und Verlag:
BoD – Books on Demand,
Norderstedt

ISBN: 9783734791598

Coverbild:
Feldhase
Albrecht Dürer, 1502
ALBERTINA, WIEN